Sebastian Moll

„Glauben du musst“

SEBASTIAN MOLL

GLAUBEN DU MUSST

Star Wars und der christliche Glaube

Brendow
Verlag | Alles, was Sinn macht!

Bibliografische Information der Deutschen Nationalbibliothek
Die Deutsche Nationalbibliothek verzeichnet diese Publikation in der Deutschen Nationalbibliografie; detaillierte bibliografische Daten sind im Internet über http://dnb.d-nb.de abrufbar.

ISBN 978-3-96140-068-3

Einbandgestaltung: Brendow Verlag, Moers
Titelgrafik: Dietmar Reichert
Satz: Brendow Web & Print, Moers
Druck und Verarbeitung: CPI – Clausen & Bosse, Leck
Printed in Germany

www.brendow-verlag.de

Inhalt

EINLEITUNG

„Du hast nie einen Star-Wars-Film gesehen?“
„Uns wurde beigebracht, das sei Teufelswerk.“
„Was *Die Dunkle Bedrohung* angeht, ist das vollkommen richtig.“

Dieser Dialog zwischen dem fanatischen Star-Wars-Fan Abed und der frommen Christin Jessica aus der brillanten US-Sitcom *Community* offenbart auf kürzestem Raum die problematische Beziehung zwischen der mit etwa zwei Milliarden Anhängern größten Weltreligion einerseits und der mit einem Wert von etwa 42 Milliarden Dollar zweitgrößten Medienmarke dieser Welt andererseits. Für viele Mitglieder der Kirche stellen Science-Fiction-Filme wie Star Wars eine Welt dar, von der man sich als Christ besser fernhält, während die Hardcorefans der Sternensaga wiederum diese Geschichten als religiöses Heiligtum verehren und keinerlei Frevel daran dulden.

Da Sie, verehrter Leser, dieses Büchlein in Händen halten, gehe ich davon aus, dass Sie sich entweder für Kirche und Theologie interessieren oder Freude an Raumschiffen und Lichtschwertern haben. Statistisch gesehen ist beides in etwa gleich wahrscheinlich. 2015 besuchten durchschnittlich rund 766.000 Menschen einen Sonntagsgottesdienst der Evangelischen Kirche in Deutschland. Als im selben Jahr Episode VII *(Das Erwachen der Macht)* in die deutschen Kinos kam, sahen den Film bereits am ersten Wochenende 2,16 Millionen Menschen. Leben wir also mittlerweile in einem Land, in dem es fast dreimal so viele Star-Wars-Fans wie evangelische Christen gibt? Nun ja, nehmen wir die katholische Kirche sowie die zahlreichen Freikirchen hinzu, neigt sich das Pendel wieder leicht den Gottesdienstbesuchern zu.

Was mein eigenes Leben betrifft, so muss allerdings auch ich zugeben, dass ich Star-Wars-Fan war, bevor ich Christ wurde. Ich gebe außerdem gerne zu, dass ich diese großartigen Filme bis heute spannender finde als die meisten Predigten innerhalb der EKD – aber das ist ein anderes Thema. Jedenfalls bin ich der lebende Beweis dafür, dass man sich nicht für eine der beiden Welten entscheiden muss. Man kann sehr wohl gläubiger Christ und Genießer der Sternenkriege gleichzeitig sein. Wer meint, das sei unmöglich, begeht einen klassischen Kategorienfehler, denn er hat entweder nicht verstanden, worum es beim christlichen Glauben geht, oder er hat falsche Vorstellungen von Star Wars.

Im Idealfall gehören auch Sie zur Gruppe derjenigen, die mit beiden Teilen dieses Buches vertraut sind. Falls dies bisher nicht der Fall sein sollte, so kann die Lektüre vielleicht dabei helfen, Einsichten in die jeweils andere Welt zu vermitteln und Vorurteile abzubauen. Als Star-Wars-Fan können Sie vielleicht erkennen, dass Theologie nicht nur etwas für langweilige Spießer ist, und als frommer Christenmensch merken Sie womöglich, dass eine weit, weit entfernte Galaxis keinerlei Bedrohung für Ihren Glauben darstellt. Aber ich möchte dem Ergebnis auf keinen Fall vorgreifen. Lesen Sie erst einmal in Ruhe, wir sehen uns am Ende des Buches wieder.

Kapitel IV

„ICH FINDE IHREN MANGEL AN GLAUBEN BEKLAGENSWERT"

RELIGION FÜR SKEPTIKER

Menschen sind vergesslich. Das wissen wir alle, jeder von uns spürt es bei sich selbst. Ich persönlich kann mir vor allem drei Dinge nicht merken: Namen, Zahlen und ... noch irgendwas. Aber in der Welt der großen Filmklassiker, insbesondere im Bereich der Science-Fiction, scheint eine regelrechte Massenamnesie zu herrschen. Erinnern Sie sich noch an den Film *Ghostbusters* (1984)? Ganz New York wird von Geistern heimgesucht, das Ende der Welt steht kurz bevor. Nur Peter Venkman, Raymond Stantz, Egon Spengler und Winston Zeddemore können den Untergang noch verhindern. Unter Einsatz ihres Lebens besiegen sie den zerstörerischen Marshmallow-Mann und werden dafür von den Bewohnern der Stadt frenetisch gefeiert. Fünf Jahre später treffen wir unsere vier Helden in *Ghostbusters II* wieder – doch niemand außer ihnen scheint sich an die Ereignisse des ersten Films erinnern zu können! Ray muss sich von einem überprivilegierten Neunjährigen vorhalten lassen, dass er und seine Kollegen „absoluter Müll“ seien. Der Richter, vor dem sich die drei Freunde verantworten müssen, weil sie mitten auf der First Avenue ein Loch gegraben haben, hält kategorisch fest: „Das Gesetz erkennt nicht die Existenz von Geistern an. Ich glaube auch nicht an solche. Ich möchte also keinen Humbug über irgendwelche Kobolde, Gespenster oder Dämonen hören. Wir werden uns in diesem Fall an die Fakten halten.“ Haben alle diese Leute die vergangenen Jahre auf dem Mond gelebt, mit geschlossenen Augen und Fingern in den Ohren?

Im Star-Wars-Universum steht es um die Gedächtnisleistung der Menschen leider nicht viel besser. Die Jedi-Ritter waren, so erfahren wir es von Obi-Wan Kenobi in Episode IV, für mehr als 1000 Generationen die Wächter des Friedens und der Gerechtigkeit in der Alten Republik. 1000 Generationen – das sind nach allgemeiner Zählung etwa 25.000 Jahre. 25.000 Jahre lang spielten die Jedi also eine entscheidende und anerkannte Rolle im gesellschaftlichen System der Republik. Und doch muss man knapp 20 Jahre nach deren Zusammenbruch erst einmal jedem erklären, wer die Jedi waren und was es mit der Macht eigentlich auf sich hat! Luke Skywalker hat jedenfalls noch nie etwas davon gehört und muss es sich in aller Ruhe von Obi-Wan erläutern lassen. Aber auch dieser kann sich ja nicht einmal mehr an R2-D2 erinnern, obwohl der kleine Droide über 20 Jahre lang ein fester Bestandteil seines Lebens war. Nicht zuletzt sind auch die imperialen Offiziere völlig unwissend, machen sich gar lustig über den Glauben an die

Macht. Als sich einer von ihnen der gewaltigen Möglichkeiten des Todessterns rühmt, weist Vader ihn zurecht: „Seien Sie nicht allzu stolz auf Ihr technologisches Schreckgespenst! Die Fähigkeit, einen ganzen Planeten zu vernichten, ist nichts gegen die Stärke, die die Macht verleiht." Der angesprochene Offizier, der im Film unbenannt bleibt, aber im Abspann als General Motti identifiziert wird, erwidert: „Verschonen Sie uns mit Ihrem Kinderschreck von der magischen Macht, Lord Vader. Ihre traurige Anhänglichkeit an diese altertümliche Religion hat Ihnen nicht geholfen, die gestohlenen Unterlagen herbeizuzaubern, und Sie ebenso wenig die geheimen Stützpunkte finden lassen ..." – woraufhin er Bekanntschaft mit Vaders legendärem Würgegriff macht wie auch mit dessen nicht minder legendären Worten: „Ich finde Ihren Mangel an Glauben beklagenswert." Hier zeigt sich übrigens bereits eine erste Parallele zwischen Vater und Sohn, die uns direkt hätte auffallen müssen. Als Han Solo über Lukes Training mit dem Lichtschwert spottet („Antiquierte Waffen und Religionen können es nicht mit einer guten Laserkanone aufnehmen" – im Original bezeichnet er Lukes Religion als „hokey", also Quatsch), entgegnet dieser in altklugem Tonfall: „Sie glauben wohl nicht an die Macht?" Dass er selbst erst wenige Stunden zuvor das erste Mal davon gehört hat, hindert ihn offenbar nicht daran, nun arrogant auf die ‚Ungläubigen' herabzublicken. Zwar gelingt ihm wenig später eine erste Demonstration seiner neuen Fähigkeiten, indem er blind die Schüsse einer Roboterkugel abwehrt, doch hat diese Demonstration leider nicht denselben Effekt wie ein telekinetischer Würgegriff, weshalb Han Solo vorerst auf seiner Skepsis beharrt: „Ich nenne es Glück."

Natürlich dienen solche in den Film eingebauten Erklärungen in erster Linie dem Publikum. Bis 1977 hatte ja tatsächlich noch nie jemand von den Jedi oder der Macht gehört. Dennoch gibt es, sagen wir mal, geschickte und weniger geschickte Wege für solche erzählerischen Notwendigkeiten. In Mel Brooks Star-Wars-Parodie *Spaceballs* (1987) werden diese etwas unbeholfenen Versuche dann auch geschickt aufs Korn genommen. Nachdem Colonel Sandfurz dem furchteinflößenden Lord Helmchen ausführlich die gemeinsamen Eroberungspläne erläutert hat, wendet sich dieser, der besagte Pläne natürlich längst kannte, zum Publikum und fragt: „Haben das alle verstanden?"

Vielleicht ist die weitverbreitete Ablehnung gegenüber der Macht, die sich sowohl bei Han Solo als auch bei General Motti findet, aber auch nur ein Sinnbild für die Ablehnung gegenüber Religion im Allgemeinen, die uns auch in unserer Welt mehr als geläufig ist – entweder, weil wir sie selber verspüren, oder weil wir als religiöse Menschen damit leben müssen. Interessanterweise repräsentieren Han Solo und General Motti, trotz ihrer gemeinsamen Verachtung, zwei unterschiedliche Menschentypen und somit auch zwei unterschiedliche Charakterzüge, die zu ebendieser Verachtung führen. Han Solo ist der typische Draufgänger, der sich nach Abenteuer und Unabhängigkeit sehnt. Die Vorstellung, anderen gehorchen zu müssen, ist ihm zuwider. Daher reagiert er auch gereizt auf die Anordnungen von Prinzessin Leia: „Hören Sie, Hochwohlgeboren, eins wollen wir doch mal klarstellen: Ich nehme nur von einem Menschen Befehle entgegen.

Von mir!“ Auch in der oben bereits erwähnten Szene mit Luke Skywalker kommt diese Haltung deutlich zum Ausdruck: „Junge, ich bin von einem Ende dieser Galaxis bis zum anderen geflogen. Ich habe allerhand merkwürdige Dinge gesehen, aber noch nie etwas, das mich davon überzeugt hat, dass es eine allmächtige Macht gibt, die alles beherrscht. Mein Schicksal jedenfalls wird nicht von einem mystischen Energiefeld beherrscht. Nichts als simple Tricks und Unsinn.“ Han möchte Herr seines eigenen Schicksals sein, Unterordnung ist seine Sache nicht. Menschen mit einer solchen Einstellung haben auch in unserer Welt eine kritische bis ablehnende Haltung gegenüber der Religion, besonders gegenüber den monotheistischen. (Der Einfachheit halber ist im Folgenden mit dem Begriff ‚Religion‘ immer ‚monotheistische Religion‘ gemeint.)

Dem Islam wird zuweilen vorgeworfen, sein Name bedeute „Unterwerfung“. Bedenkt man die vielen negativen Assoziationen, die der Islam in unserer heutigen Diskussionskultur weckt, mag dieser Vorwurf berechtigt erscheinen, doch im Grunde ist diese Wortbedeutung nichts weiter als eine Banalität. Religion bedeutet immer Unterwerfung, Unterwerfung unter den Willen Gottes. Auch ein Christ würde dies nicht anders beschreiben. „Doch nicht mein, sondern dein Wille geschehe“, diese Worte Jesu im Garten Gethsemane, die er spricht, nachdem er seinen Vater zuvor angefleht hat, den Todeskelch an ihm vorübergehen zu lassen, zeugen von der völligen Ergebenheit in den Willen des Vaters. Er war hierin ein Vorbild, ein unerreichbares zwar wie in so vielem anderen auch, aber dennoch ein Vorbild. Durch ihn und mit ihm können Christen lernen, sich von Gott ergreifen zu lassen und ihren Willen in seinen dahinzugeben.

Für Menschen, die sich selber als rebellisch definieren, ist eine solche Haltung kaum zu ertragen. Das ist einer der Gründe, warum sich pubertierende Jugendliche nur selten für Kirche und Christentum begeistern können. Letzten Endes steht jede Form von Emanzipation – und die Pubertät ist eine solche – der Forderung nach Unterwerfung entgegen. Der Begriff leitet sich vom lateinischen *emancipatio* ab und bezeichnete im römischen Recht die Entlassung bzw. den Freikauf des Sohnes aus der väterlichen Gewalt. Gibt es eine bessere Bezeichnung für die Abwendung von der Religion als den Sohn, der sich aus der Herrschaft des Vaters lösen will? Jesus selbst greift dieses Motiv in einem seiner berühmtesten Gleichnisse auf, dem Gleichnis vom verlorenen Sohn. In dieser Geschichte lässt sich der jüngere Sohn von seinem Vater seinen Vermögensanteil auszahlen (Emanzipation) und verlässt seine Familie, um das Geld in fernen Ländern zu verprassen. Später kehrt er verarmt und reuig zurück: „Vater, ich habe gesündigt gegen den Himmel und vor dir, und ich bin nicht mehr wert, dein Sohn zu heißen; mache mich zu einem deiner Tagelöhner!" Doch sein Vater hat Erbarmen und heißt ihn fürstlich willkommen: „Denn dieser mein Sohn war tot und ist wieder lebendig geworden; und er war verloren und ist wiedergefunden worden."

Die Menschheitsgeschichte beginnt bereits mit einem Emanzipationsprozess. Adam und Eva rebellieren gegen das Gebot des Herrn, weil sie selber sein wollen wie Gott. „Gott und sein Rebell", so bezeichnete der Theologe Emil Brunner (1889-1966) treffend das Verhältnis zwischen Gott und dem Menschen. Es gehört zu unserer Natur, uns gegen Gott und seine Gebote auflehnen zu wollen, Adam hat uns diese Veranlagung vererbt, wir nennen sie Sünde. Doch ähnlich wie der verlorene Sohn wird Adam von Gott nicht völlig verworfen, wenngleich auch nicht ganz so freundlich behandelt wie der Sohn in dem Gleichnis. Für ihn gilt eher die Weisung aus den Sprüchen Salomos: „Denn welchen der HERR liebt, den straft er, und hat doch Wohlgefallen an ihm wie ein Vater am Sohn." Letzten Endes handelt die gesamte Bibel von diesem einen Thema: Der Mensch, der sich leichtfertig von Gott losgesagt hat und sich nun nach der Wiedervereinigung mit dem Vater sehnt (siehe Kapitel VI).

Han Solo entspricht in gewisser Hinsicht dem Bild vom verlorenen Sohn. Zu Beginn des Films hat er eine durch und durch egoistische Einstellung, interessiert sich einzig und allein für Geld. Er nutzt die Notsituation von Obi-Wan und Luke für seine Zwecke aus und verlangt einen Wucherpreis für den Transport nach Alderaan. Zur Befreiung Leias lässt er sich nur durch Lukes Versprechungen auf eine große Belohnung überreden. Nach der erfolgreichen Befreiung weigert er sich, die Rebellenallianz zu unterstützen, und will sich stattdessen mit seiner Belohnung auf und davon machen. Zum Ende des Films kommt er Luke dann aber doch zur Hilfe und leistet so einen entscheidenden Beitrag zur Zerstörung des Todessterns. Obwohl er sich bereits zuvor zu einem „Möge die Macht mit Dir sein“ hat durchringen können, bleibt Han allerdings auch in den kommenden Filmen immer noch skeptisch gegenüber Lukes übernatürlichen Eingebungen. Als Luke in Episode VI seinen Vater auf dem Kommandoschiff spürt, an dem er und Solo gerade vorbeifliegen, meint dieser: „Das bildest du dir alles nur ein, Junge.“ Erst in Episode VII, also gut 20 Jahre später, erklärt Solo gegenüber Rey und Finn: „Es ist wahr, einfach alles. Die dunkle Seite. Die Jedi. All das gibt es.“ Ohne Zweifel dürfte zu dieser Erkenntnis vor allem das Schicksal seines eigenen Sohns beigetragen haben ...

Im Falle von General Motti, der über Vaders „traurige Anhänglichkeit an diese altertümliche Religion“ spottet, liegen die Dinge anders. Obwohl wir nicht viel über diesen Offizier wissen, dürfen wir wohl annehmen, dass jemand, der sich innerhalb eines autoritären Regimes bis in die obersten Ränge hochgearbeitet hat, durchaus einen gewissen Sinn für Gehorsam und Unterwerfung mitbringt. Seine Ablehnung der Religion gründet auf etwas anderem, seinem unerschütterlichen Glauben an die Technik. Er ist der festen Überzeugung, mithilfe des Todessterns die ultimative Waffe zur Unterwerfung (!) der Galaxis in Händen zu halten. Das macht ihn zu einem natürlichen Gegenspieler Vaders, der das Todessternprojekt zwar unterstützt, aber seinerseits skeptisch ist gegenüber den Phantasien, die es in einigen Menschen weckt. Für ihn erwächst wahre Stärke einzig und allein aus Entbehrung und

Hingabe an die Macht. Trotz dieser Differenzen innerhalb des Führungspersonals beruht die Stärke des Imperiums, wie auch der späteren Ersten Ordnung, letztlich auf einer Mischung aus beidem: einer überlegenen militärischen Technologie sowie der Nutzbarmachung der Dunklen Seite. In Episode VII wird dieser Konflikt durch Kylo Ren und General Hux symbolisiert. Beide ringen um die Gunst des Obersten Anführers Snoke, doch ist dies nicht der einzige Grund für ihr gespanntes Verhältnis. Als Mann der Technik und Wissenschaft hat Hux kein Verständnis für die mythische Seite der Ersten Ordnung, die Kylo repräsentiert. Dieser wiederum hat wenig Respekt für Hux und dessen künstlich konditionierte Truppen und sieht sich durch Finns Verrat in seiner Meinung bestätigt.

Betrachten wir unsere eigene Zivilisation, so kann kaum bestritten werden, dass wir eher dem wissenschaftlichen und technischen Weltbild zuneigen als dem mythischen. Dieser Prozess vom Mythos zum Logos, wie ihn der klassische Philologe Wilhelm Nestle (1865-1959) nannte, begann bereits in der griechischen Antike und hat insbesondere in den vergangenen drei Jahrhunderten gewaltig an Fahrt gewonnen. Der Soziologe Max Weber (1864-1920) beschrieb ihn wie folgt: „Machen wir uns zunächst klar, was denn eigentlich diese intellektualistische Rationalisierung durch Wissenschaft und wissenschaftlich orientierte Technik praktisch bedeutet. Etwa, dass wir heute, jeder z.B., der hier im Saale sitzt, eine größere Kenntnis der Lebensbedingungen hat, unter denen er existiert, als ein Indianer oder ein Hottentotte?

Schwerlich. Wer von uns auf der Straßenbahn fährt, hat – wenn er nicht Fachphysiker ist – keine Ahnung, wie sie das macht, sich in Bewegung zu setzen. Er braucht auch nichts davon zu wissen. Es genügt ihm, dass er auf das Verhalten des Straßenbahnwagens ‚rechnen' kann, er orientiert sein Verhalten daran; aber wie man eine Trambahn so herstellt, dass sie sich bewegt, davon weiß er nichts. [...] Die zunehmende Intellektualisierung und Rationalisierung bedeutet also nicht eine zunehmende allgemeine Kenntnis der Lebensbedingungen, unter denen man steht. Sondern sie bedeutet etwas anderes: das Wissen davon oder den Glauben daran: dass man, wenn man nur wollte, es jederzeit erfahren könnte, dass es also prinzipiell keine geheimnisvollen unberechenbaren Mächte gebe, die da hineinspielen, dass man vielmehr alle Dinge – im Prinzip – durch Berechnen beherrschen könne. Das aber bedeutet: die Entzauberung der Welt."

Diese Entzauberung veranlasste wiederum den Theologen Rudolf Bultmann (1884-1976), das Konzept der „Entmythologisierung" zu entwickeln, mit dem er hoffte, den existenziellen Gehalt des Neuen Testaments für die Moderne retten zu können. In einem berühmten Passus aus seinem Werk begründet er diese Maßnahme wie folgt: „Man kann nicht elektrisches Licht und Radioapparat benutzen, in Krankheitsfällen moderne medizinische und klinische Mittel in Anspruch nehmen und gleichzeitig an die Geister- und Wunderwelt des Neuen Testaments glauben. Und wer meint, es für seine Person tun zu können, muss sich klarmachen, dass er, wenn er das für die Haltung des christlichen

Glaubens erklärt, damit die christliche Verkündigung in der Gegenwart unverständlich und unmöglich macht.“

Während unsere Welt also immer weiter entzaubert und entmythologisiert wird, scheinen Phänomene wie Star Wars für viele Menschen ein letzter Zufluchtsort vor der immer kühler und rationaler werdenden Wirklichkeit zu sein. Zweifellos beruht der Erfolg der Filme auch auf der magischen Welt, in die sie den Zuschauer entführen. Nicht anders verhält es sich mit dem *Herrn der Ringe* oder *Harry Potter*. Aber auch in vielen anderen erfolgreichen Medien finden wir dieses Motiv verankert. In der Filmreihe *Fluch der Karibik* beispielsweise verkörpern Captain Jack Sparrow und seine Anhänger die Ideale von Freiheit und Unabhängigkeit, gepaart mit mythischen Artefakten und einer Verbindung zu den göttlichen Mächten. Sparrows Gegenspieler Lord Cutler Beckett (Teil 2 und 3) hingegen steht für die technische Kontrolle über die Welt, die durch nichts stärker symbolisiert wird als die große Weltkarte in seinem Arbeitszimmer, die im Laufe des Films immer weiter ausgefüllt wird. Beckett möchte Sparrow durch einen Kaperbrief offiziell in den Dienst der Krone stellen und ihm so die Freiheit schenken. Als Will Turner ihm entgegnet, dass Jack eine solche Anstellung kaum als Freiheit betrachten würde, meint dieser nur: „Jack Sparrow gehört zu einer aussterbenden Art. Die Welt wird kleiner. Die weißen Flecken auf der Landkarte werden langsam gefüllt. Jack muss seinen Platz in der neuen Welt finden, oder er wird zugrunde gehen.“ Wer in diesem Konflikt das Publikum auf seiner Seite hat, bedarf keiner Erwähnung.

Der zunehmenden Kartographierung der Welt im 18. Jahrhundert entspricht in unserer Zeit die Digitalisierung. Auch diese wird von vielen Menschen als bedrohlich empfunden, als Einschränkung ihrer persönlichen Freiheit. Alles wird (vermeintlich) überwacht, gespeichert, kontrolliert, man ist immer und überall erreichbar, die Privatsphäre schwindet. Den einsamen Piraten oder den einsamen Ritter gibt es schon lange nicht mehr, nicht einmal mehr in der Kunst, wie der Schweizer Schriftsteller Friedrich Dürrenmatt (1921-1990) beklagte: „Die Macht Wallensteins ist eine noch sichtbare Macht, die heutige Macht ist nur zum kleinsten Teil sichtbar, wie bei einem Eisberg ist der größte Teil im Gesichtslosen, Abstrakten versunken. [...] Die Kunst dringt nur noch bis zu den Opfern vor, dringt sie überhaupt zu Menschen, die Mächtigen erreicht sie nicht mehr. Kreons Sekretäre erledigen den Fall Antigone." Ob Dürrenmatt je die Star-Wars-Filme gesehen hat, ist nicht überliefert. Aber wenn er es getan hätte, so wären seine Sympathien sicherlich bei Darth Vader gewesen, als dieser seinen Glauben an die Macht gegenüber dem Technokraten Motti behauptet. Vader ist der Schurke des Stücks, keine Frage, aber zugleich ist er dessen berühmteste Figur. Von ihm geht eine Faszination aus, der man sich nur schwer entziehen kann.

Ist Star Wars also tatsächlich so etwas wie eine Ersatzreligion geworden? Kompensiert der säkularisierte Westen mit solchen Filmen seine transzendentale Obdachlosigkeit? Der russische Philosoph Nikola Berdjajew (1874-1948) bezeichnete den Menschen als „unheilbar religiös“ und sagte voraus, dass die Religion niemals aus der menschlichen Gesellschaft verschwinden werde, allen Anstrengungen der Menschen zum Trotz. Auch wenn er bei dieser Prophezeiung sicherlich nicht an die aufkommende Star-Wars-Begeisterung gedacht hat, so spiegelt diese durchaus eine Sehnsucht nach Verzauberung und Re-Mythologisierung wider, eine Art Gegenbewegung zu den Thesen Webers und Bultmanns.

Aber bereits im 19. Jahrhunderte wehrte sich der amerikanische Philosoph Willam James (1842-1910) gegen den immer dominanter werdenden Anspruch der Naturwissenschaft: „Das innere Bedürfnis zu glauben, dass diese natürliche Welt nur das Zeichen für etwas Geistigeres und Ewigeres ist, ist für diejenigen, die es empfinden, genauso stark und gebieterisch, wie es die innere Notwendigkeit einheitlicher Kausalgesetze für einen hartgesottenen Naturwissenschaftler ist. Durch die Bemühungen vieler Generationen hat sich das letztgenannte Bedürfnis im Nachhinein als prophetisch erwiesen. Warum könnte nicht das erste Bedürfnis auch prophetisch sein? Warum sollten wir, wenn uns unsere Bedürfnisse über die sichtbare Welt hinausweisen, dann dies nicht als Zeichen für die Existenz einer unsichtbaren Welt deuten? Wer oder was hat, kurz gesprochen, das Recht, unser Vertrauen in unsere religiösen Impulse zu zerstören? Die exakte Wissenschaft hat sicher kein Recht dazu, denn sie kann allenfalls Aussagen über das machen, was existiert, nicht dagegen über das, was nicht existiert.“

In Antoine de Saint-Exupérys weltberühmter Erzählung *Der kleine Prinz* heißt es: „Man sieht nur mit dem Herzen gut. Das Wesentliche ist für die Augen unsichtbar.“ Nichts anderes rät der verstorbene Obi-Wan seinem Schüler Luke am Ende von Episode IV. Als sich Luke im Anflug auf die entscheidende Öffnung des Todessterns befindet, ermutigt Obi-Wan ihn, seinen Zielcomputer auszuschalten und sich allein auf sein Gefühl zu verlassen. Bereits bei seinem ersten Training mit dem Lichtschwert (s.o.) hatte er ihn gewarnt: „Deine Augen können dich täuschen, traue ihnen nicht!“ – Das Wesentliche ist für sie unsichtbar.

Nun mag das ja alles ganz nett klingen, aber wie kann der moderne Mensch, der so unendlich viel von der empirischen Forschung profitiert hat, diese plötzlich wieder in Frage stellen? Oder muss er das vielleicht gar nicht? Wie oben bereits erwähnt, beginnt der Prozess der Verwissenschaftlichung schon im antiken Griechenland und führte dort auch bereits zu ähnlichen Problemen. Bedeutet die Verfügbarkeit wissenschaftlicher Erklärungen das Aus für jedwede übernatürliche Deutung? Der Schriftsteller Plutarch hat uns hierzu eine bemerkenswerte Geschichte aus dem Leben des Perikles überliefert. Auf dem Landgut des Perikles wurde ein toter Widder gefunden, der statt zwei Hörnern nur ein einziges besaß. Der Seher Lampon deutete dies als ein Zeichen, dass die Macht über Athen, die bisher in den Händen zweier Männer lag, bald auf Perikles allein übergehen würde. Der Philosoph Anaxagoras hingegen sezierte den Schädel des Tieres und fand die medizinische Ursache für die Missbildung, wofür er bei den

Anwesenden viel Beifall erntete. Doch es dauerte nicht lange, bis auch Lampon große Bewunderung zuteilwurde. Denn kurze Zeit später übernahm Perikles tatsächlich die alleinige Herrschaft über Athen.

Plutarch kommentierte diese Geschichte wie folgt: „Meines Erachtens haben jedoch beide, der Naturphilosoph wie der Seher, ihre Aufgabe erfüllt, indem der eine die Ursache, der andere den Endzweck des Wunderzeichens richtig erfasste. Denn dem Gelehrten lag ob, durch Beobachtung festzustellen, woher es gekommen und wie es entstanden sei, dem Seher, vorauszusagen, zu welchem Zweck es geschehen und was es bedeute. Es wird behauptet, das Vorzeichen werde zunichte gemacht, wenn man die Ursache der Wundererscheinung aufdecke, doch übersehen solche Leute, dass sie zugleich mit den göttlichen Zeichen auch die von uns künstlich ersonnenen verwerfen, den Klang der Erzscheibe, das Leuchten der Feuersignale, den Schatten der Sonnenuhr; alle diese Dinge sind ja aus bestimmter Ursache und in der Absicht erschaffen, dass sie uns irgendetwas anzeigen."

Die genannten Beispiele mögen ein wenig aus der Zeit gefallen sein, aber das Argument bleibt zeitlos gültig. Eine Sache erklären zu können nimmt ihr nichts von ihrer Bedeutung. Ich kann mir sämtliche Noten von Beethovens Mondscheinsonate ansehen, die Bau- und Funktionsweise eines Klaviers untersuchen, die physikalische Erzeugung von Tönen verstehen ... an der unendlichen Schönheit dieses Kunstwerkes ändert das alles nichts. Das

Gleiche gilt für das menschliche Leben. Die Wissenschaft mag das menschliche Genom entschlüsseln und die Funktionsweise unseres gesamten Körpers erforschen. Aber das Wunder des Lebens bleibt davon völlig unberührt. Knapp 2000 Jahre nach Plutarch entwickelte der amerikanische Evolutionsbiologe Stephen Jay Gould (1941-2002) hierfür den Begriff NOMA (Nonoverlapping Magisteria – Nicht überlappende Herrschaftsbereiche). Für Gould können Wissenschaft und Religion niemals in einen wirklichen Konflikt geraten, da sich beide mit unterschiedlichen Gebieten befassen. Während sich die Wissenschaft mit der empirisch erfassbaren Wirklichkeit auseinandersetzt, befasst sich die Religion mit der geistlichen Deutung und moralischen Bewertung dieser Wirklichkeit. Gould formuliert es wie folgt: „Die Naturwissenschaftler untersuchen den Lauf des Himmels, die Theologen fragen, wie man in den Himmel kommt."

Schon der heilige Augustinus (354-430) schrieb in seinem Kommentar zum Buch Genesis: „Oft genug kommt es vor, dass auch ein Nichtchrist ein ganz sicheres Wissen durch Vernunft und Erfahrung erworben hat, mit dem er etwas über die Erde und den Himmel, über Lauf und Umlauf, Größe und Abstand der Gestirne, über bestimmte Sonnen- und Mondfinsternisse, über die Umläufe der Jahre und Zeiten, über die Naturen der Lebewesen, Sträucher, Steine und dergleichen zu sagen hat. Nichts ist nun peinlicher, gefährlicher und am schärfsten zu verwerfen, als wenn ein Christ mit Berufung auf die christlichen Schriften zu einem Ungläubigen über diese Dinge Behauptungen aufstellt, die falsch sind und, wie man sagt, den Himmel auf den Kopf stellen, sodass der andere kaum sein Lachen zurückhalten kann. Dass ein solcher Ignorant Spott erntet, ist nicht das Schlimmste, sondern dass von Draußenstehenden geglaubt wird, unsere Autoren hätten so etwas gedacht. Gerade sie, um deren Heil wir uns mühen, tragen den größten Schaden, wenn sie unsere Gottesmänner daraufhin als Ungelehrte verachten und zurückweisen. Denn wenn sie einen von uns Christen auf einem Gebiet, das sie genau kennen, bei einem Irrtum ertappen und merken, wie er seinen Unsinn mit unseren Büchern belegen will, wie sollen sie dann jemals diesen Büchern die Auferstehung der Toten, die Hoffnung auf das ewige Leben und das Himmelreich glauben, da sie das für falsch halten müssen, was diese Bücher geschrieben haben über Dinge, die sie selbst erfahren haben und als unzweifelhaft erkennen konnten? Es ist unbeschreiblich, wie viel Verdruss und Kummer einsichtigen Brüdern durch solche unbesonnenen Eiferer bereitet wird."

Die biblischen Autoren waren keine Naturwissenschaftler und legten daher auch keinen Wert auf entsprechende Korrektheit. Wenn sich also in ihren Schriften einige Details finden, die mit dem heutigen Wissenschaftsstand nicht vereinbar sind, so mindert dies den religiösen Wahrheitsgehalt dieser Schriften nicht im Geringsten. Das Gleiche gilt übrigens für Science-Fiction-Autoren. Wie Sie vermutlich wissen, prahlt Han Solo gerne damit, dass sein Schiff den Korsalflug in weniger als 12 Parsecs geschafft habe. Dies kann aber unmöglich stimmen. Ganz gleich, wie schnell ein Schiff auch immer sein mag: Parsec ist ein Längenmaß, keine Zeiteinheit! Ein Parsec entspricht 3,26 Lichtjahren, also etwa 30 Billionen Kilometern. Ruiniert diese Information nun Ihren Filmgenuss? Eben!

Kein gläubiger Mensch muss oder sollte sich wissenschaftlichen Erkenntnissen verschließen. Die religiöse Sphäre wirkt nicht konträr zur empirischen Welt, sondern komplementär. Fanatiker gibt es auf beiden Seiten. Es gibt religiöse Fundamentalisten, die noch immer gegen anerkannte wissenschaftliche Erkenntnisse protestieren. Ebenso gibt es Wissenschaftsjünger, die so in ihrem eigenen Blickwinkel feststecken, dass sie jedwede religiöse Erfahrung für Unfug halten. Letztlich berauben sich beide damit eines Teils der Wirklichkeit.

Star Wars ist eine Erinnerung daran, dass beide Wirklichkeiten zusammengehören. Denn obwohl die dort dargestellte Welt der unseren technisch um Jahrhunderte voraus ist, spielen Glaube und Spiritualität in ihr ebenfalls eine herausragende Rolle. Wenn dies in einer weit, weit entfernten Galaxis funktioniert, warum sollte es dann nicht auch in unserer möglich sein?

Kapitel V

„SCHNELLER, LEICHTER, VERFÜHRERISCHER“

DIE DUNKLE MACHT DER SÜNDE

Die Tragödie des Anakin Skywalker – so hätte der Titel der Star-Wars-Saga ebenfalls lauten können, schließlich steht das Schicksal des Mannes, den wir in Episode IV bereits als Darth Vader kennenlernten, unzweifelhaft im Mittelpunkt dieser kosmischen Symphonie. Inhaltlich wäre dieser Titel außerdem um einiges präziser gewesen als der doch eher verwirrende „Krieg der Sterne“. Ich weiß nicht, wie es Ihnen geht, verehrte Leser, aber ich habe die Bedeutung dieses Titels nie wirklich verstanden, denn soweit ich sehen kann, kommen sich bekriegende Sterne in den entsprechenden Filmen nirgends vor. Nun ja, Marketing schlägt Semantik, so war es im Anfang, jetzt und immerdar.

Dabei spielt der Krieg in unseren Filmen natürlich eine große Rolle. Neben dem offensichtlichen Kampf der politischen Systeme sind es vor allem die inneren Konflikte, die den Handlungsablauf bestimmen, in erster Linie das bereits erwähnte Schicksal des Anakin Skywalker. „Vader hat sich von der Dunklen Seite der Macht verführen lassen." Mit diesen Worten fasst Obi-Wan Kenobi die Tragödie seines ehemaligen Schülers zusammen, und zwar direkt bei seiner ersten Unterredung mit Luke Skywalker. Es ist interessanterweise auch das erste Mal, dass die Macht überhaupt Erwähnung findet, wodurch direkt ihre ambivalente Rolle hervorgehoben wird. Inwiefern die Dunkle Seite diese verführerische Wirkung ausübt, erfahren wir an dieser Stelle (oder in dem gesamten Film) vorerst nicht. Erst Yoda klärt seinen jungen Schüler in Episode V darüber auf: „Hüte dich vor der Dunklen Seite der Macht. Zorn, Furcht, Aggressivität, die Dunklen Seiten der Macht sind sie. Besitz ergreifen sie leicht von dir. Folgst du einmal diesem dunklen Pfad, auf ewig beherrschen wird die Dunkle Seite dein Geschick, verzehren wird sie dich wie einst den Schüler von Obi-Wan." Hier haben wir also eine Erklärung, wie und warum jemand der Dunklen Seite verfällt. Es sind bestimmte Gefühlsregungen, die für diesen Weg verantwortlich sind. Außerdem erfahren wir, dass es von diesem einmal eingeschlagenen Weg kein Zurück mehr gibt – wobei wir natürlich alle wissen, dass das so nicht ganz stimmt.

Luke möchte von seinem Trainer aber auch hören, ob die Dunkle Seite stärker ist als die ‚helle', die allerdings komischerweise in keinem der Filme je wirklich benannt wird. Yoda winkt ab: „Nein, nein, nein. Schneller, leichter, verführerischer." Hier bestätigt er also noch einmal seine vorherige Aussage. Negative Gefühle wie

Zorn oder Furcht kommen schnell und einfach, ohne jedwede Anstrengung, deshalb sind sie verführerischer. In Episode I wird Yoda dann außerdem den diesen Eigenschaften innewohnenden Automatismus erklären: „Furcht führt zu Wut, Wut führt zu Hass, Hass führt zu unsäglichem Leid.“ Man hat also durch die Dunkle Seite keinerlei wirklichen Gewinn, außer der Tatsache, dass man sich weniger anstrengen muss, weil alles gleichsam von selbst kommt. „Wählst du den schnellen, den leichten Weg, wie einst Vader es getan hat, zu einem Werkzeug des Bösen wirst du werden“, lautet dementsprechend Yodas abschließende Warnung an Luke, bevor sich dieser, entgegen alle Vernunft, zu einer waghalsigen Rettungsaktion nach Bespin aufmacht.

Betrachten wir die Geschichte von Anakin Skywalker, wie sie uns in den Prequels dargestellt wird, so hat man allerdings keineswegs den Eindruck, dass sich dieser das Leben besonders leicht macht oder immer den einfachsten Ausweg sucht. Im Gegenteil, er wirkt wie ein enorm ehrgeiziger Mann, der seine Zeit voll und ganz seiner Ausbildung widmet. Das unterscheidet ihn beispielsweise, wenn dieser filmübergreifende Vergleich an dieser Stelle erlaubt ist, von Captain James T. Kirk, der in seiner Jugend eher als pflichtvergessener Hedonist erscheint und sich bekanntlich sogar durch einen schwierigen Test durchmogelt. Zwar bricht Anakin durch seine Beziehung mit Padmé Amidala sein Gelübde der Ehelosigkeit (siehe Kapitel II), doch ist diese Beziehung von Treue und Hingabe geprägt, anders als bei Kirk, der alles zu begatten versucht, was nicht bei drei auf den Bäumen ist.

Außerdem scheint die Ehe mit Padmé Anakins Training nicht negativ zu beeinflussen, er wird zu einem der begabtesten Piloten und einem der mächtigsten Jedi der Galaxis – was ihm zum Teil in die Wiege gelegt war, was aber ohne die notwendige Disziplin und den entsprechenden Ehrgeiz nicht zu erreichen gewesen wäre. Zudem ist er überaus prinzipientreu und hat ein hochentwickeltes Ehrgefühl. Den Auftrag des Jedirates, Palpatine auszuspionieren, weist er empört zurück – das sei Verrat und eine Verletzung des Kodex. Den Vorwurf Obi-Wans, Palpatine habe sich länger als erlaubt im Amt des Kanzlers gehalten, kontert Anakin mit dem Hinweis auf dessen demokratische Legitimierung und erweist sich so als Verteidiger republikanischer Prinzipien. Auch lehnt er den Wunsch seiner Frau ab, persönlich auf den Kanzler einzuwirken, damit dieser diplomatische Lösungen suche statt weiter auf militärische zu setzen. Anakin empfindet dies als einen unangemessenen Eingriff in die Entscheidungshoheit des Kanzlers und weist Padmé mit dem (korrekten) Hinweis zurecht, dass eine solche Forderung in die Senatsdebatte gehöre. Als Mace Windu den Kanzler schließlich hinrichten will, greift Anakin ein, weil er darin eine Verletzung der Rechtsordnung erkennt, er möchte Palpatine vor Gericht sehen.

Letzten Endes werden ihm jedoch gerade sein Idealismus und sein Ehrgeiz zum Verhängnis – woran man übrigens mal wieder sehen kann, dass dies durchaus echte Schwächen sein können, nicht bloß Pseudoschwächen, die man bei der entsprechenden Frage im Bewerbungsgespräch angibt.

Palpatine versteht es hervorragend, die genannten Schwächen für seine Zwecke zu nutzen. Er ernennt Anakin zu seinem persönlichen Vertreter im Jedirat, wohl wissend, dass der Rat eine derartige Ernennung nicht ohne weiteres akzeptieren wird. Es kommt, wie es kommen muss. Anakin fühlt sich durch die Ernennung in seinem Selbstbewusstsein gestärkt und ist anschließend enorm gekränkt, als ihm der Rat die Beförderung in den Rang eines Jedimeisters verweigert. Das Gefühl, nicht zu bekommen, was ihm zusteht, ist ein wesentlicher Grund für sein wachsendes Misstrauen gegenüber dem Orden. Auch Anakins politischen Idealismus weiß der Kanzler geschickt zu manipulieren. Es gelingt ihm, Anakin einzureden, dass nur er für Gerechtigkeit und Frieden in der Galaxis sorgen könne, und motiviert ihn auf diese Weise zu überaus grauenhaften Handlungen. Am Ende ist Anakin tatsächlich davon überzeugt, durch die Auslöschung des Jediordens dem Wohl der Republik zu dienen, die er, natürlich ebenfalls nur zu ihrem Besten, in sein persönliches Imperium umwandelt.

Anakins Ungeduld mit demokratischen Entscheidungsprozessen ist bereits in Episode II deutlich geworden, als er mit Padmé über politische Systeme diskutiert. Padmé versucht ihm zu erklären, dass in einer repräsentativen Demokratie viele Interessengruppen zusammenfinden müssen, was die Entscheidungsfindung oft enorm schwierig mache. Mit Helmut Schmidt gesprochen: „Das Schneckentempo ist das normale Tempo jeder Demokratie." Anakin gibt sich uneinsichtig: „Dann sollte sie jemand zu einer Entscheidung zwingen." Für Padmé klingt das zu stark nach einer Diktatur, doch Anakin meint nur: „Wenn es funktioniert?“ In Episode III reagiert er auf Obi-Wans besorgt vorgetragene Bemerkung, dass der Senat Palpatine weitere Notstandsvollmachten gewähren werde, mit den Worten: „Das kann nur bedeuten, weniger Verhandlungen und mehr Taten, ist das falsch?“ Persönliche Machtgelüste sprechen an diesen Stellen allerdings noch nicht aus seinen Worten. Vielmehr hat er wirklich das Wohl der Gesellschaft im Sinn, doch geht ihm der Weg dorthin nicht schnell genug. Hier haben wir also einen Wegweiser auf dem Pfad zur Dunklen Seite. Anakin sucht nach schnellen Lösungen, die Geduld für längeres Ausharren geht ihm ab.

In seiner Beziehung zu Padmé zeigt sich außerdem der zweite entscheidende Charakterzug, der Anakin der Dunklen Seite zuführt: seine Verlustängste. In Episode I ist diese Schwäche sogar der entscheidende Grund, dass Yoda und die anderen Ratsmitglieder skeptisch in Bezug auf die Ausbildung des jungen Skywalker sind. Anakin versucht zwar, seine Angst zu vertuschen, doch die Jedi lassen sich davon nicht täuschen. Yoda konfrontiert ihn unmittelbar mit der Angst vor dem Verlust seiner Mutter, was dieser (in einem leicht altklugen Tonfall) mit der Frage erwidert: „Was hat das denn damit zu tun?“ Hierauf gibt Yoda die bereits oben zitierte Antwort: „Einfach alles! Furcht ist Pfad zur Dunklen Seite. Furcht führt zu Wut, Wut führt zu Hass, Hass führt zu unsäglichem Leid. Ich spüre große Furcht in dir.“

Die Sorge um seine Mutter ist dann auch ein bedeutender Handlungsstrang in Episode II. Nach eifriger Suche findet Anakin sie schließlich, doch kann er nur noch ihren letzten Worten beiwohnen. Seine schlimmste Angst ist Wirklichkeit geworden. Von diesem Schock wird er sich nicht mehr erholen. Seine erste Reaktion sind genau jene Wut und jener Hass, die laut Yoda unmittelbare Folgen der Angst sind. Brutal und gnadenlos schlachtet Anakin die Sandleute, die seine Mutter entführt haben, ab, auch die unschuldigen Frauen und Kinder. Hier zeigt sich erstmalig in aller Deutlichkeit, dass Yoda und die anderen Jedi Anakin richtig eingeschätzt haben. Er ist zu sehr von seinen negativen Gefühlen bestimmt, kann diese nicht ausreichend kontrollieren. Dass seine Gefühle in gewisser Weise nachvollziehbar sein mögen, oder gar ‚natürlich', wie Palpatine später zur Beruhigung Anakins sagen wird, ändert daran nichts – im Gegenteil. Die Gefühle der Dunklen Seite kommen, wie Yoda mahnend erläutert, schnell und auf natürliche Weise. Gerade das macht sie so gefährlich.

Die Erfahrung des Verlustes seiner Mutter überträgt Anakin später auf Padmé. In albtraumhaften Vorahnungen sieht er seine Frau während der Geburt ihrer Kinder sterben. Hier erweist sich sein Schicksal als eine wahre Ödipus-Geschichte. So wie der tragische Held der griechischen Mythologie, der den Spruch des Orakels erst dadurch erfüllt, dass er ihm zu entgehen sucht, verwirklicht auch Anakin seine eigenen Visionen erst dadurch, dass er alles daransetzt, ihr Eintreten zu verhindern. Das Versprechen Palpatines, durch die Macht der Dunklen Seite das Leben seiner Frau retten zu können, ist ein wesentlicher Beweggrund für Anakins Hinwendung zur Dunklen Seite.

Widerspricht das aber nicht der bisherigen Auflistung der Motive? Zählt Liebe zu einem anderen Menschen denn wirklich zu den negativen Gefühlen wie Hass und Wut, die Yoda als Triebfedern für den Weg zur Dunklen Seite nennt? Nein, Liebe wohl nicht – aber Egozentrik schon! Kniend fleht Anakin seinen neuen Meister an, ihm zu helfen, Padmés Leben zu retten, und erklärt: „Ich kann ohne sie nicht leben." Da ist es, das wahre Motiv! Nicht die selbstlose Liebe zu jemand anderem, sondern die Sorge um das eigene Leben bestimmt Anakins Handeln.

Rabbi Abraham Twerski prägte hierfür den Begriff ‚Fischliebe'. Keine Sorge, das ist kein merkwürdiger Fetisch aus der Welt der Simpsons oder South Parks. Vielmehr bezeichnet er eine bestimmte Form von Liebe, oder vielmehr dessen, was manche Menschen als Liebe bezeichnen. Twerski erzählt die Geschichte eines Mannes, der einen anderen Mann einen Fisch essen sieht. Er fragt ihn: „Warum isst du diesen Fisch?" Darauf der andere: „Weil ich Fisch liebe." Darauf fragt der Erste: „Weil du den Fisch liebst, tötest du ihn und isst ihn auf?" Der Sinn dieser kurzen Erzählung liegt nicht etwa in einer Aufforderung zum Vegetarismus. Vielmehr geht es um die Definition des Begriffs ‚Liebe'. Der Fischesser isst gerne Fisch, er mag den Geschmack, der Fisch stellt für ihn eine ideale Befriedigung seiner eigenen Bedürfnisse dar. Diese Selbstbefriedigung nennt er ‚Liebe'. Worauf Rabbi Twerksi mit dieser Geschichte hinauswill, ist der Umstand, dass es sich bei vielen menschlichen Beziehungen letzten Endes um diese Form der ‚Fischliebe' handelt. Ein Mensch kann sagen, er liebe seinen Partner bzw. seine Partnerin, aber im Grunde dient diese/r nur zur Befriedigung seiner eigenen Bedürfnisse. Wenn sich diese Haltung ins Extrem steigert, kann dies böse Konsequenzen für die Partnerschaft haben, wie der österreichische Psychologe Viktor Frankl (1905-1997) festgestellt hat: „Das sieht man in der Sexualpathologie: In dem Maße, in dem jemand seine Potenz demonstrieren will und nicht an die Partnerin denkt, in dem Maße, in dem die Partnerin ihre Orgasmusfähigkeit beweisen will, wenn auch nur sich selbst, und nicht auf den Partner achtet, in demselben Maße wird sie frigid und er impotent. Das ist der klinische Alltag." Ganz so schlimm kann es um Anakin und Padmé allerdings nicht gestanden haben. Immerhin haben sie ja Nachwuchs gezeugt.

Nach diesem tiefen Eindringen in die Gefilde der Dunklen Seite stellt sich nun die Frage, ob es hier Parallelen zu christlichen Vorstellungen vom Bösen gibt. Ist die Dunkle Seite das, was wir im Christentum als Sünde bezeichnen? Ja und nein. Die offensichtlichste Parallele ist die der Versuchung. Immer und immer wieder wird in der Star-Wars-Saga vor der verführerischen Kraft der Dunklen Seite gewarnt. So ist es auch mit der Sünde. Ihr Ursprung liegt in der Verführung. Im Garten Eden versucht der Satan Eva in Form der Schlange, er lockt sie mit dem Versprechen der Erkenntnis: „Ihr werdet sein wie Gott und wissen, was gut und böse ist." Hier ist die Parallele zu Palpatine augenfällig. Auch er verführt Anakin mit dem Versprechen großer Erkenntnis, einer Erkenntnis, die über das Natürliche hinausgeht. In gewisser

Weise verspricht auch er ihm, so zu werden wie Gott, denn er verheißt ihm die Macht über Leben und Tod.

Auch das Versprechen weltlicher Macht ist eine List des Satans. Als Jesus in der Wüste von diesem versucht wird, zeigt der Satan ihm alle Reiche der Welt und verspricht: „Dies alles will ich dir geben, wenn du niederkniest und mich anbetest." Palpatine operiert ähnlich, denn auch er verführt Anakin mit dem Versprechen politischer Kontrolle über die Galaxis. Anakin ist nicht in der Lage, dieser Verlockung zu widerstehen – Jesus hingegen schon. Der Messias wollte keine weltliche Macht und auch keine weltliche Revolution. Dieser Gedanke wurde in jüngerer Zeit insbesondere von Papst Benedikt XVI. in seiner Enzyklika *Spe Salvi* (2007) betont: „Das Christentum hatte keine sozialrevolutionäre Botschaft gebracht, etwa wie die, mit der Spartakus in blutigen Kämpfen gescheitert war. Jesus war nicht Spartakus, er war kein Befreiungskämpfer wie Barabbas oder Bar-Kochba. Was Jesus, der selbst am Kreuz gestorben war, gebracht hatte, war etwas ganz anderes: die Begegnung mit dem Herrn aller Herren, die Begegnung mit dem lebendigen Gott und so die Begegnung mit einer Hoffnung, die stärker war als die Leiden der Sklaverei und daher von innen her das Leben und die Welt umgestaltete." Nach eigener Macht in der Welt verlangt es einen Christen nicht. Aber wie sieht es mit dem christlichen Verhalten gegenüber der weltlichen Macht aus? Wie würde sich ein Christ gegenüber Palpatine und seinem Imperium verhalten?

Was bei Palpatine leider nie so ganz klar wird, ist, inwieweit er selbst an sein Programm glaubt. Bei einigen seiner Untergebenen, insbesondere bei Direktor Krennic *(Rogue One)*, können wir durchaus einen ehrlichen Glauben an das imperiale System erleben. Aber wie steht es um den Imperator selbst? Ist er wirklich davon überzeugt, für Ordnung und Frieden in der Galaxis zu sorgen? Oder sind dies nur fromme Lügen zur Manipulation seines Schülers? Der amerikanische Journalist Jonathan Last glaubt an Ersteres. Im Jahre 2002 (also noch vor Episode III) schrieb er einen faszinierenden Artikel mit dem Titel „The Case for the Empire. Everything you think you know about Star Wars is wrong“ (Anwalt des Imperiums. Alles, was Sie über Star Wars zu wissen glauben, ist falsch), in dem es unter anderem heißt: „Aber der überzeugendste Beweis dafür, dass das Imperium nicht böse ist, taucht in *Das Imperium schlägt zurück* auf, als Darth Vader gegen Luke Skywalker kämpft. Am Ende der erschöpfenden Schlacht ist Vader im Begriff, Luke zu erledigen, aber er streckt seine Hand aus. Er versucht, Luke zur Dunklen Seite zu bekehren, und zwar mit einer einfachen Bitte: ‚Es gibt kein Entkommen. Zwing' mich nicht, dich zu töten ... Verbünde dich mit mir, und ich werde deine Ausbildung beenden. Mit vereinten Kräften können wir diesen tödlichen Konflikt beenden und der Galaxis Frieden und Ordnung wiedergeben.‘ Hier finden wir die wirkliche Motivation der Dunklen Seite und des Imperiums. Das Imperium will keine Sklaven, auch nicht Zerstörung oder das ‚Böse‘. Es will Ordnung.“ Natürlich ließe sich auch in dieser berühmten Szene fragen, ob Vader sein Angebot tatsächlich ernst meint oder es nicht doch eher zur Verführung nutzt. Gehen wir aber für den Moment davon aus, dass der Autor recht hat und das Imperium tatsächlich einen Garanten der Ordnung darstellt. Könnte dies sein mitunter brutales Vorgehen rechtfertigen? Wie sähe ein christliches Verhalten gegenüber diesem System aus?

Nun, auch wenn es für viele Fans enttäuschend sein mag: Die christliche Tradition würde sich vermutlich mehrheitlich auf die Seite des Imperiums schlagen! Rebellion gegen die bestehende Herrschaft war nie ein fester Bestandteil christlicher Ethik. Bereits Paulus weist die Gemeinde in Rom darauf hin: „Jeder ordne sich den Trägern der staatlichen Gewalt unter. Denn es gibt keine staatliche Gewalt außer von Gott; die jetzt bestehen, sind von Gott eingesetzt. Wer sich daher der staatlichen Gewalt widersetzt, stellt sich gegen die Ordnung Gottes, und wer sich ihm entgegenstellt, wird dem Gericht verfallen. Vor den Trägern der Macht hat sich nicht die gute, sondern die böse Tat zu fürchten; willst du also ohne Furcht vor der staatlichen Gewalt leben, dann tue das Gute, sodass du ihre Anerkennung findest! Denn sie steht im Dienst Gottes für dich zum Guten. Wenn du aber das Böse tust, fürchte dich! Denn nicht ohne Grund trägt sie das Schwert. Sie steht nämlich im Dienst Gottes und vollstreckt das Urteil an dem, der das Böse tut.“ Martin Luther griff diese Gedanken auf: „Der Esel will Schläge haben, und der Pöbel will mit Gewalt regiert sein. Das wusste Gott wohl; drum gab er der Obrigkeit nicht einen Fuchsschwanz, sondern ein Schwert in die Hand.“ Konkret wandte er dieses Prinzip gegen die in seiner Zeit auftretenden

Aufstände der Bauern an und schrieb: „Man soll sie zerschmeißen, würgen, stechen, heimlich und öffentlich, wer da kann, wie man einen tollen Hund erschlagen muss." Das klingt schon ein wenig nach Palpatine, wenn dieser der Handelsföderation den Auftrag gibt: „Vernichtet sie! Bis auf den Letzten!"

Etwas weniger heftig, aber nicht weniger loyal, gibt sich der Begründer der methodistischen Kirche, John Wesley (1703-1791). Der königstreue Engländer erlebte in seiner Zeit mit, wie sich die amerikanischen Kolonien von Großbritannien lossagten, und kritisierte diesen Schritt scharf. Aber auch ganz allgemein warnt er seine Hörer vor mangelnder Loyalität gegenüber dem König: „Daher dürfen wir uns auf kein sündiges Gewerbe einlassen oder es weiter betreiben, keines, das im Widerspruch zum Gesetz Gottes oder dem unseres Landes steht. Dazu gehören alle Geschäfte, bei denen wir zwangsläufig den König um seinen ihm gesetzlich zustehenden Zoll betrügen. Denn es ist mindestens so sündhaft, den König um sein Recht zu betrügen, wie seine übrigen Untertanen zu berauben. Der König hat ebenso viel Recht auf seine Zölle wie wir auf unsere Häuser und unsere Kleidung." Wie für Paulus und Luther ist der König auch für Wesley der von Gott eingesetzte Herrscher, eine Legitimation von Macht durch das Volk lehnt er ab. Theologisch geht er sogar noch einen Schritt weiter: „Vor allem achte auf den Menschen, der von seiner Liebe zur Kirche spricht, aber den König nicht liebt. Wenn er den König nicht liebt, kann er Gott nicht lieben. Und wenn er Gott nicht liebt, kann er die Kirche nicht lieben. Er liebt die Kirche genauso sehr, wie er den König liebt. Denn in Wirklichkeit liebt er weder das eine noch das andere."

Zur Zeit der Entstehung des Neuen Testaments gab es innerhalb des Judentums ebenfalls revolutionäre Strömungen - und zwar durchaus ernst zu nehmendere als Monty Pythons Volksfront von Judäa. Dreimal lehnte sich die jüdische Bevölkerung in großem Stil (aber dennoch vergeblich) gegen das Römische Reich auf, einmal in den Jahren 66-73 n. Chr., was zur Zerstörung des Jerusalemer Tempels durch Titus führte, dann im sogenannten Diasporaaufstand 115-117 und schließlich noch einmal im Bar-Kochba-Aufstand in den Jahren 132-135, mit dessen Ende auch die letzten Reste eines größeren, geschlossenen jüdischen Siedlungsgebiets in der römischen Provinz Judäa vernichtet wurden. Für das aufkommende Christentum war diese Epoche eine wichtige Zeit der Abgrenzung. Man distanzierte sich energisch von diesen Rebellionsversuchen und bewies so, dass man den Messias in Jesus, dem leidenden Gottesknecht, erblickte, nicht in einem noch zu erwartenden militärischen Anführer.

Natürlich muss festgehalten werden, dass weder Paulus noch Luther, noch Wesley, noch sonst ein ernst zu nehmender Christ die staatliche Ordnung jemals über die Gebote Gottes gestellt hätte. „Man muss Gott mehr gehorchen als den Menschen" - diese Weisung gilt für alle Christen zu allen Zeiten. Wenn die Behörden beispielsweise, wie zu Luthers Zeiten geschehen, die Bürger zur Herausgabe ihrer Neuen Testamente zwingen, so mahnt der Reformator sie, auf keinen Fall zu kooperieren: „Denn wer das tut, der übergibt Christus in die Hände des Herodes."

Leider wissen wir zu wenig über die praktischen Auswirkungen der imperialen Herrschaft für den religiösen Alltag des Normalbürgers. Wir erleben das Imperium fast immer nur als Kämpfer gegen die Rebellion, was man, so fair sollten wir sein, ihm nicht vorwerfen kann. Jeder Staat geht gegen seine Feinde vor. Andererseits geht das Imperium auch gegen Schmuggler vor, versucht also, den regulären Handel zu schützen. Als es in der Bar in Mos Eisley zu dem unschönen Vorfall mit dem abgetrennten Arm kommt, wollen die Sturmtruppen den Vorfall untersuchen. Man sieht also: Das Imperium sorgt für eine gewisse Rechtssicherheit. Ob es so etwas wie freie Religionsausübung in diesem System gibt, lässt sich nicht sagen. Die Jedi wurden bekanntlich beseitigt, aber man darf wohl annehmen, dass andere Religionsgemeinschaften, die nicht die imperiale Ordnung gefährden, ungestört operieren dürfen. Dass sich Massenvernichtungswaffen und deren recht willkürlicher Einsatz aus christlicher Sicht nicht rechtfertigen lassen, bedarf keiner Erwähnung. Es muss aber festgehalten werden: Die Rebellion könnte sich für ihr Anliegen nur schwerlich auf die christliche Tradition berufen.

Dennoch hat es natürlich im Laufe der Geschichte immer wieder Christen gegeben, die sich gegen staatliches Unrecht aufgelehnt haben. Als Erstes fällt einem hier wohl Dietrich Bonhoeffer ein, der aufgrund seiner Haltung am 9. April 1945 im Konzentrationslager Flossenbürg den Tod fand. Neben seiner unglaublichen Tapferkeit ist aber noch etwas anderes an seinem Charakter faszinierend. Er suchte nie nach Abenteuer oder Heldenruhm – und erweist sich damit übrigens als echter Jedi (siehe Kapitel II). Bonhoeffer wusste, dass er durch seine Beteiligung an der Verschwörung gegen das Reich zum Sünder wurde. Bereits in Gefangenschaft reflektierte er über diese Problematik wie folgt: „Wehrlosigkeit als Prinzip des weltlichen Lebens ist gottlose Zerstörung der von Gott gnädig erhaltenen Ordnung der Welt. Es mußte sich herausstellen, daß eine entscheidende Grunderkenntnis dem Deutschen noch fehlte: die von der Notwendigkeit der freien, verantwortlichen Tat auch gegen Beruf und Auftrag. An ihre Stelle trat einerseits verantwortungslose Skrupellosigkeit, andererseits selbstquälerische Skrupelhaftigkeit, die nie zur Tat führte. Civilcourage aber kann nur aus der freien Verantwortlichkeit des freien Mannes erwachsen. Die Deutschen fangen erst heute an zu entdecken, was freie Verantwortung heißt. Sie beruht auf einem Gott, der das freie Glaubenswagnis verantwortlicher Tat fordert und der dem, der darüber zum Sünder wird, Vergebung und Trost zuspricht." Wir dürfen gewiss sein, dass Bonhoeffer diese Vergebung erfahren hat.

Wie bereits erwähnt, ist der Hunger nach Macht sowohl ein Pfad zur Dunklen Seite als auch eine Sünde im christlichen Verständnis. Aber wie sieht es mit den übrigen Eigenschaften aus, die zur Dunklen Seite führen? Finden wir auch hier Parallelen? Der Zorn gehört bekanntlich zur Liste der sieben Todsünden.

Furcht hingegen, die im Star-Wars-Universum die Wurzel allen Übels zu sein scheint, wird von der christlichen Tradition nicht als besonders verdammungswürdig, geschweige denn als Ursache für andere Sünden betrachtet. Die Furcht des Herrn gilt gar als Anfang aller Erkenntnis (Sprüche 1,7). Übertriebene Sorge um das eigene Leben hingegen wird von Jesus in seiner Bergpredigt gerügt: „Deswegen sage ich euch: Sorgt euch nicht um euer Leben, was ihr essen oder trinken sollt, noch um euren Leib, was ihr anziehen sollt! Ist nicht das Leben mehr als die Nahrung und der Leib mehr als die Kleidung? Seht euch die Vögel des Himmels an: Sie säen nicht, sie ernten nicht und sammeln keine Vorräte in Scheunen; euer himmlischer Vater ernährt sie. Seid ihr nicht viel mehr wert als sie? Wer von euch kann mit all seiner Sorge sein Leben auch nur um eine kleine Spanne verlängern?" Zudem ist die starke Selbstbezogenheit, die Anakin insbesondere in Episode III offenbart, nahezu der Inbegriff von Sünde. Wie bereits erwähnt, ist seine Liebe zu Padmé dicht an der oben genannten Definition der Fischliebe. Yoda warnt ihn vor der Eifersucht, dem „Schatten der Raffgier" – womit wir wieder bei einer der sieben Todsünden wären.

Die Liebe, um die es im Christentum geht, ist eine ganz andere. „Was ihr getan habt einem von diesen meinen geringsten Brüdern, das habt ihr mir getan", lautet der Aufruf Jesu. „Wir lieben, weil er uns zuerst geliebt hat", lautet unsere prägnante Antwort auf die offenbarte Liebe Gottes. Diese Liebe hat nichts, aber auch gar nichts, mit der sogenannten ‚Fischliebe' zu tun. Gott hat keine eigenen Bedürfnisse. Deshalb kann er auch nicht auf deren Befriedigung aus sein. Aus diesem Grund ist seine Liebe eine sich voll und ganz schenkende Liebe, die auch vor dem größten Opfer nicht zurückschreckt. Diese Liebe soll uns Christen Vorbild sein. Dass dies keineswegs einfach, um nicht zu sagen unmöglich zu verwirklichen ist, dürfte klar sein. Zu stark sind wir von Selbstbezogenheit, von Egoismus, kurz: von Sünde beherrscht. Aber es ist hier eben wie bei den Gefühlen, die zur Dunklen Seite führen. Es sind natürliche Gefühle, die jeder von uns kennt. Kämen diese Gefühle nicht von allein, müsste man ihnen ja gar nicht erst widerstehen.

Nach den vielen Gemeinsamkeiten, oder zumindest Parallelen, sei nun aber auch auf die erheblichen Unterschiede zwischen beiden Konzepten des Bösen hingewiesen. Da wäre vorneweg die Universalität der Sünde im Gegensatz zur Exklusivität der Dunklen Seite. Obwohl es innerhalb der Star-Wars-Filme nie ausdrücklich gesagt wird, scheint es doch so zu sein, dass nur einige wenige Individuen überhaupt eine Beziehung zur Macht haben. In den Prequels wird dies durch die Midi-Chlorianer begründet (siehe Kapitel II). Diese mikroskopischen Organismen finden sich zwar in allen Lebewesen, doch nur, wer über eine genügend hohe Zahl von ihnen verfügt, hat auch Zugang zur Macht – was im Übrigen erklärt, warum das Verhältnis zur Macht genetisch und somit stark familiär bedingt ist. Das bedeutet aber auch, dass die Anfälligkeit für die Dunkle Seite ebenfalls nur diesen wenigen Auserwählten anhaftet. Denn wie sollte jemand auf den Pfad der

Dunklen Seite der Macht geraten, wenn er mit der Macht an sich überhaupt nichts zu tun hat?

Mit der Sünde verhält es sich hingegen vollkommen anders. „Denn es ist hier kein Unterschied. Denn sie sind allesamt Sünder und ermangeln des Ruhmes, den sie bei Gott haben sollten", schreibt der Apostel Paulus in seinem Brief an die Römer. Die Sünde ist die große Gleichmacherin, die alle unter ihre Macht einschließt. Interessant ist allerdings, dass auch das Christentum die Vorstellung einer genetischen Veranlagung zur Sünde kennt, und zwar in Form der Erbsünde. Sünde ist angeboren, kein Mensch kann ihr entkommen. Sie kann bei verschiedenen Menschen auf unterschiedliche Weise und auch unterschiedlich stark ausgeprägt sein. Noch einmal Helmut Schmidt: „Ich teile die Menschheit deshalb gern in drei Kategorien ein. Die erste Kategorie, das sind die normalen Menschen. Wir alle haben sicher als Jungs mal Äpfel geklaut, aber dann sind wir doch anständige Kerle geworden. Normale Menschen also, das sind vielleicht 98 Prozent. Die zweite Kategorie, das sind die mit einer kriminellen Ader. Die gehören vor Gericht, und wenn sie schuldig gesprochen sind, dann gehören sie ins Gefängnis. Und die dritte Kategorie sind Investmentbanker und Fondsmanager." Ob die Macht der Sünde bei Investmentbankern tatsächlich stärker ist als bei anderen Menschen, werden wir in Kapitel I untersuchen. Für den Moment kann aber festgehalten werden, dass, selbst wenn es so wäre, es letztlich keinen Unterschied machen würde. Die Quantität der jeweiligen Sünde mag variieren, qualitativ sind alle Sünder gleich.

Aber noch in einer anderen Beziehung ist die Dunkle Seite von der Sünde zu unterscheiden. Wie bereits erwähnt gibt es, zumindest in der Theorie, keine Rückkehr von der Dunklen Seite. „Folgst du einmal diesem dunklen Pfad, auf ewig beherrschen wird die Dunkle Seite dein Geschick, verzehren wird sie dich, wie einst den Schüler von Obi-Wan." Wie schrecklich wäre es, wenn es sich mit der Sünde ebenso verhielte! Nein, die Möglichkeit der Buße und Umkehr ist ja gerade das große Thema des Evangeliums. Die ersten uns bekannten Worte der öffentlichen Verkündigung Jesu lauteten: „Tut Buße und glaubt an das Evangelium!" Für jeden gibt es Hoffnung auf Erlösung – sogar für Darth Vader, wie wir im folgenden Kapitel sehen werden.

Kapitel VI

„Für mich ist es dafür jetzt zu spät“

Die Suche nach Erlösung

Jede Geschichte braucht ein Happy End. Das zumindest war die Meinung Josephs II., Kaiser des Heiligen Römischen Reiches Deutscher Nation von 1765-1790. Als Angehöriger des Hauses Habsburg erklärte er Wien zu seinem Amtssitz und baute auch das dortige Burgtheater zu einem der angesehensten deutschen Schauspielhäuser aus. So wurden hier unter anderem erstmals die Stücke Shakespeares in deutscher Sprache aufgeführt. Allerdings hatte der Kaiser spezielle inhaltliche Wünsche für diese Stücke. Ihm missfielen die zahlreichen Todesopfer in Tragödien wie *Hamlet* oder *Romeo und Julia*, und so erließ er ein Dekret, dass alle am Wiener Burgtheater inszenierten Stücke ein Happy End – einen so genannten *Wiener Schluss* – bekommen sollten. Glücklicherweise wurde dieser Unfug kurz nach seinem Tod wieder aufgehoben.

Eine Tragödie mit Happy End ist keine Tragödie mehr. Sie verliert das ihr eigene Wesen. In seinem klassischen Werk *Poetik* sah Aristoteles den Sinn der Tragödie darin, dass die Zuschauer aufgrund des Durchlebens von Jammern und Schaudern eine Reinigung *(Katharsis)* von ebendiesen Affekten erfahren. Im Gegensatz zu dem großen griechischen Philosophen war Kaiser Joseph II. eher besorgt, dass ein solches Erleben die Zuschauer in schlechte Stimmung versetzen könnte.

Tatsächlich ist das verpflichtende Happy End noch eine recht junge kulturelle Erscheinung. Neben den klassischen griechischen Tragödien enden auch viele weltberühmte Romane (Der Glöckner von Notre Dame, Moby Dick etc.) keineswegs in glücklicher Stimmung. Wenn sich aber Walt Disney entschließt, einen solchen Klassiker als Zeichentrickfilm umzusetzen, geht das weltgrößte Medienunternehmen ähnlich vor wie einst Joseph II.: Quasimodo und Esmeralda dürfen am Ende natürlich nicht sterben. Für Kinder mag eine solche Änderung verständlich sein. Aber wollen wir tatsächlich alle wie Kinder behandelt werden?

George Lucas jedenfalls hält es mit Joseph II. und Walt Disney, dem er ja jüngst auch die Rechte an seinem Imperium verkauft hat – also an Disney, nicht an das Haus Habsburg. Darth Vader, der Oberschurke des Films, wendet sich am Ende gegen seinen bösen Meister und opfert sich selbst, um seinen Sohn zu retten. Das Bedürfnis des Zuschauers nach Gerechtigkeit ist also befriedigt, umso mehr, als man den Verstorbenen am Ende ja auch noch als Geist in bester Verfassung erscheinen sieht. Andererseits ist ein solches Ende natürlich leicht vorhersehbar und dadurch ein wenig langweilig. Oder gibt es hier etwa jemanden, der die Wandlung Vaders nicht hat kommen sehen? Natürlich hat er kurz zuvor noch die denkwürdigen Worte gesprochen: „Für mich ist es dafür jetzt zu spät, mein Sohn", aber jeder, der sich in der internationalen Filmsprache auskennt, weiß, dass dies frei übersetzt so viel heißt wie: „Ich kann noch gerettet werden." Vader hat unvorstellbares Leid über die Welt gebracht. Die Zahl derer, die durch seine Hand zu Tode gekommen sind, ist immens, nicht zu vergessen die vielen Opfer der imperialen Herrschaft, zu deren Errichtung er maßgeblich beigetragen hat. Dennoch gibt es für ihn noch Hoffnung, davon ist sein Sohn zutiefst überzeugt – und seine Überzeugung wird schließlich bestätigt.

Es ist niemals zu spät zur Umkehr, egal, was man auch getan hat. Das ist eine der Botschaften von Star Wars, und es ist zugleich eine Kernbotschaft des Christentums. „Kehrt um und glaubt an das Evangelium", lauten die Worte der ersten öffentlichen Predigt Jesu. Gleich drei seiner Gleichnisse handeln von dieser zentralen Botschaft: das Gleichnis vom verlorenen Schaf, vom verlorenen Groschen und vom verlorenen Sohn. Dreimal wiederholt er im Grunde dieselbe Aussage, so wichtig ist sie ihm: „Ich sage euch: So wird auch Freude im Himmel sein über einen Sünder, der Buße tut, mehr als über neunundneunzig Gerechte, die der Buße nicht bedürfen."

An der Basilika Sainte-Marie-Madeleine im burgundischen Dorf Vézelay ist die Radikalität dieser Haltung in Stein gemeißelt worden. Das Säulenkapitel zeigt den erhängten Judas. Mit verzerrtem Gesicht und heraushängender Zunge baumelt er an seinem selbst gefertigten Strick. Doch direkt daneben sieht man, wie der auferstandene Jesus seinen Verräter auf den Schultern trägt wie ein Hirte sein verlorenes Schaf. Selbst für Judas, den Archetyp aller Verräter, gibt es Hoffnung, denn es heißt von ihm: „Als Judas, der ihn verraten hatte, sah, dass er zum Tode verurteilt war, reute es ihn, und er brachte die dreißig Silberlinge den Hohenpriestern und Ältesten zurück und sprach: Ich habe gesündigt, unschuldiges Blut habe ich verraten. Sie aber sprachen: Was geht uns das an? Da sieh du zu! Und er warf die Silberlinge in den Tempel, ging davon und erhängte sich.“ Der Steinmetz in Vézelay hat diese Geschichte gemäß der Lehre Jesu fortgeschrieben. So geht Gott mit Menschen um, die sich verirrt haben und ihren Irrweg erkennen.

Diese Hoffnung, dass für jedermann Erlösung möglich ist, auch für die finstersten Charaktere, ist tief in unserer Kultur verankert. Sie findet sich als Motiv in unzähligen Erzählungen, die bekannteste unter ihnen vielleicht Charles Dickens‘ unsterbliche *Weihnachtsgeschichte*. Diese weltberühmte Dichtung enthält eine Reihe biblischer Bezüge. Dickens ist zweifellos von Jesu Gleichnis vom reichen Mann und armen Lazarus inspiriert. Im Gleichnis landet der habgierige Reiche als Strafe für seine Kaltherzigkeit in der Hölle, während sich Lazarus nach seinem Tod in Abrahams Schoß wiederfindet. Aus der Hölle heraus bittet der Reiche den Erzvater Abraham, Lazarus zu seinen Brüdern zu schicken, um sie vor einem ähnlichen Schicksal zu bewahren – was dieser allerdings ablehnt. Dickens greift dieses Motiv auf, indem er dem ebenso habgierigen Ebenezer Scrooge seinen ehemaligen Geschäftspartner Jacob Marley als unter Höllenstrafen leidenden Geist erscheinen lässt, um ihn zu warnen, dass ihn dasselbe Schicksal erwartet, falls er sich nicht ändert. In dieser Szene gibt es noch eine weitere, überaus geistreiche Anspielung, die sich im Deutschen leider nicht wiedergeben lässt. Scrooge kann durch den Geist hindurchsehen, was wie folgt kommentiert wird: „Scrooge had often heard it said that Marley had no bowels, but he had never believed it until now." Marley hat im doppelten Sinne keine *bowels* (Eingeweide), zum einen wörtlich, weil er nun ein Geist ist, zum andern im Sinne des 1. Johannesbriefes, in dem es heißt: „But whoso hath this world's good, and seeth his brother have need, and shutteth up his *bowels of compassion* from him, how dwelleth the love of God in him?"

Obi-Wan Kenobi greift ein ähnliches Motiv auf, wenn er über seinen ehemaligen Schüler sagt: „Er ist eine Maschine und kein Mensch mehr." Vader hat keine menschlichen Gefühlsregungen mehr, Mitgefühl und Barmherzigkeit sind ihm fremd, sie wurden ihm regelrecht operativ entfernt. Aber auch in anderer Hinsicht kann sich der Dunkle Lord der Sith in der Weihnachtsgeschichte und ihrem Protagonisten Ebenezer Scrooge wiederfinden. Beide waren nicht immer so, wie sie heute sind. Sie waren einst unschuldige Kinder, aber gezeichnet von Einsamkeit. Anakin hatte keinen Vater, wurde von seiner Mutter getrennt, verlor sie schließlich ganz. Die hierdurch ausgelösten Verlustängste übertrug er später auf seine Frau und beschwor damit sein eigenes Unheil herauf (siehe Kapitel V). Ebenezer wurde von seinem Vater verstoßen, verlebte eine traurige Kindheit. Später lernt er die bezaubernde Belle kennen, verlobt sich mit ihr, doch seine Liebe zum Geld (Wurzel allen Übels) überragt die Liebe zu seiner Frau, weshalb diese ihn verlässt. Daraufhin wendet er sich endgültig der Dunklen Seite zu.

Auch die Umkehr der beiden Figuren vollzieht sich auf recht ähnliche Weise. Für Vader ist es das Leiden seines eigenen Sohns, das ihn so sehr berührt, dass er sich gegen seinen Meister wendet. Für Scrooge ist es das Leiden von Tiny Tim, dem Sohn seines Buchhalters Bob Cratchet. Der kleine Junge ist schwer krank und wird, so weissagt es der Geist der gegenwärtigen Weihnacht, sterben, wenn sich die Dinge nicht ändern. Für Scrooge ist diese Erkenntnis ein entscheidender Schritt auf seinem Weg zum Licht.

Hält Vaders Geschichte aber auch einem Vergleich mit der klassischen christlichen Erlösungslehre stand? Erlösung gehört zu den wichtigsten Vokabeln innerhalb der christlichen Theologie, es gibt sogar eine eigene theologische Disziplin, die sich einzig und allein mit der Erlösungslehre befasst, die so genannte *Soteriologie*. Trotz oder vielleicht auch gerade wegen der Allgegenwart dieses Begriffs wissen ihn nur die wenigsten Christen mit konkretem Inhalt zu füllen. Wovon soll man denn eigentlich erlöst werden?

Die Heilige Schrift beschreibt das Erlösungswerk Christi mit zwei unterschiedlichen, aber eng miteinander verbundenen Begriffen: Befreiung und Versöhnung. Jesus sagt von sich, er sei gekommen, den Gefangenen die Befreiung zu verkünden. Er spricht von sich selbst als „Wahrheit“ und erklärt: „Die Wahrheit wird euch frei machen.“ Am wirkmächtigsten aber war folgende Aussage Jesu: „Denn auch der Menschensohn ist nicht gekommen, um sich dienen zu lassen, sondern um zu dienen und sein Leben hinzugeben als Lösegeld für viele.“ Der Begriff vom ‚Loskauf‘ und vom ‚Lösegeld‘ wird auch von Paulus aufgegriffen: „Einer ist Gott, Einer auch Mittler zwischen Gott und Menschen: der Mensch Christus Jesus, der sich als Lösegeld hingegeben hat für alle.“ Und im Brief an die Galater schreibt der Apostel: „Als aber die Zeit erfüllt war, sandte Gott seinen Sohn, geboren von einer Frau und dem Gesetz unterstellt, damit er die freikaufe, die unter dem Gesetz stehen, und damit wir die Sohnschaft erlangen.“ Auch im Petrusbrief taucht dieser entscheidende Begriff auf: „Ihr wisst, dass ihr aus eurer nichtigen, von den Vätern ererbten Lebensweise nicht um einen vergänglichen Preis losgekauft wurdet, nicht um Silber oder Gold, sondern mit dem kostbaren Blut Christi, des Lammes ohne Fehl und Makel.“

Ähnlich wie bei dem Begriff ‚Erlösung‘ ist natürlich auch bei der Befreiung die Frage zu stellen: wovon? In den oben genannten Versen findet sich bereits eine Antwort. Christus befreit die Menschen vom Gesetz und (somit) von der von ihren Vätern ererbten Lebensweise. Wieso aber müssen die Menschen vom Gesetz befreit werden, das doch, wie Paulus selbst sagt, „heilig, gerecht und gut“ ist? Ja, das Gesetz gebietet das Gute und verbietet das Böse, aber dem in Sünde und Schuld gefangenen Menschen ist es ein Tyrann, der ihn verurteilt und knechtet, weil er seiner Übermacht nicht gewachsen ist. Jesus aber offenbart Gott nicht in erster Linie als Richter und Gesetzgeber, sondern als liebenden Vater, der stets bereit ist, dem schuldigen und in Sünde verstrickten Menschen Vergebung zu schenken. Dabei war die Sünde ja keineswegs immer in der Welt, erst durch Adams Fall kam sie über uns. Der Apostel Paulus schreibt: „Deshalb, wie durch einen Menschen die Sünde in die Welt gekommen ist und der Tod durch die Sünde, so ist der Tod zu allen Menschen durchgedrungen, weil sie alle gesündigt haben. [...] Wie nun durch die Sünde des Einen die Verdammnis über alle Menschen gekommen ist, so ist auch durch die Gerechtigkeit des Einen für alle Menschen die Rechtfertigung gekommen, die zum Leben führt. Denn wie durch den Ungehorsam des einen Menschen die Vielen zu Sündern geworden sind, so werden auch durch den Gehorsam des Einen die Vielen zu Gerechten.“ Seit der Vertreibung aus dem Paradies sucht der Mensch nach einem Weg, wieder dorthin zurückzukehren. Jesus Christus ist dieser Weg. Die Erlösung besteht gleichsam in der Wiederherstellung des ursprünglichen Zustandes des Menschen. Deshalb spricht man beim Tod eines Menschen auch gerne davon, dass er heimgekehrt sei.

Darth Vader war tief in der Sünde bzw. in der Dunklen Seite verstrickt und konnte schließlich erlöst werden. Als Luke seinen Vater am Ende von Episode VI mit in sein Raumschiff nehmen will, bittet dieser darum, zurückgelassen zu werden. Luke weigert sich: „Nein, du musst nicht sterben. Ich werde dich retten!" Worauf Anakin antwortet: „Das hast du schon getan." Luke hat seinen Vater gerettet, und zwar vor der Dunklen Seite, in der er gefangen war. In der Befreiung von dieser Dunkelheit findet Vader seine Erlösung und so zu seinem ursprünglichen Selbst zurück.

Damit sind wir also wieder bei dem berühmten Happy End angelangt, von dem zu Beginn bereits die Rede war. Das wahre Leben kennt, ebenso wie die Literatur, glückliche und tragische Ausgänge. Die Filmindustrie, insbesondere die amerikanische, hat sich hingegen nahezu ausschließlich dem Happy End verschrieben. Sie hat somit eine gewisse Verzerrung der Realität erzeugt und sich eher an den Bedürfnissen von Kindern denn von Erwachsenen orientiert. Kinder haben für gewöhnlich einen stark ausgeprägten Glauben an Gerechtigkeit, und zwar in dem Sinne, dass sie an eine unmittelbare Korrelation zwischen ihrem eigenen Handeln und den Geschehnissen um sie herum glauben. Das führt einerseits dazu, dass sich Kinder oft selbst die Schuld für schlimme Ereignisse geben (Scheidung der Eltern, Krankheit etc.), weil es ihnen unverständlich ist, dass solche Dinge ohne ihr eigenes Verschulden passieren. Andererseits führt diese Weltsicht dazu, dass Kinder es nicht ertragen können, wenn der unschuldige Held einer Geschichte am Ende nicht als Sieger dasteht.

Allerdings legen manche Menschen diesen Glauben niemals ganz ab und behalten ihn auch im Erwachsenenalter bei. Die Psychologie spricht in diesem Fall von der *just-world-fallacy*, dem fälschlichen Glauben an eine gerechte Welt. Der Schweizer Schriftsteller Rolf Dobelli illustriert dies wie folgt: „Zwei Krimis. Im ersten findet der Detektiv nach einer aufregenden Suche endlich den Mörder und nimmt ihn fest. Der Mörder wird vor Gericht gebracht und verurteilt. Im zweiten Krimi findet der Detektiv nach einer aufregenden Suche den Mörder nicht. Der Detektiv schließt die Akte und widmet sich dem nächsten Fall. Welcher Krimi ist für Sie als Leser oder Zuschauer befriedigender? Sicherlich der erste. Unser Wunsch nach Gerechtigkeit ist so groß, dass wir den Gedanken an Ungerechtigkeit kaum ertragen. Doch dieser Wunsch ist weit mehr als ein Wunsch – wir rechnen auch damit, dass er in Erfüllung geht. Wenn nicht jetzt, dann eben später. Die meisten Menschen sind tief davon überzeugt, dass die Welt im Grunde gerecht ist. Dass gute Taten belohnt, schlechte Taten bestraft werden. Dass böse Menschen irgendwann einmal büßen müssen und Mörder hinter Gittern landen. Die Realität sieht leider anders aus. Die Welt ist in Wahrheit nicht gerecht, sondern ziemlich ungerecht. Was machen wir mit dieser unangenehmen Tatsache? Ich bin überzeugt: Sie werden ein besseres Leben haben, wenn Sie die Ungerechtigkeit der Welt als Fakt akzeptieren und stoisch ertragen. Sie ersparen sich dadurch eine Menge Enttäuschungen auf Ihrer Wanderung durchs Leben.“

Dobelli erwähnt in diesem Kontext übrigens auch einen seiner früheren Lehrer, der die Angewohnheit hatte, Noten völlig willkürlich zu verteilen, ohne jeden Bezug zur Leistung der Schüler. Natürlich beschwerten sich diese lauthals über solche Unfairness, doch der Lehrer antwortete bloß: „Das Leben ist unfair. Je früher ihr das lernt, desto besser!" Dobelli kommentiert: „Rückblickend betrachtet, war dies für mich eine der wichtigsten Lektionen meiner siebenjährigen Gymnasialzeit."

Diese Geschichte hat mich sehr bewegt. Die Schule vermittelt tatsächlich ein völlig falsches Bild vom wirklichen Leben. In der Schule geht es, natürlich im Rahmen menschlicher Schwäche, gerecht zu. Wer viel lernt, gut mitarbeitet und noch dazu eine gewisse Intelligenz und Kreativität mitbringt, wird belohnt. In der Welt außerhalb der Schule kann davon keine Rede sein. Hier zählen nicht Leistung, Intelligenz oder gar Kreativität, im Gegenteil, sie können eher hinderlich sein. Die meisten Unternehmen, aber auch die meisten staatlichen Einrichtungen stellen lieber Anpasser und Ja-Sager ein, die über möglichst wenig eigenen Charakter verfügen. Der Grund für diese fundamentale Verschiedenheit besteht darin, dass sich Lehrer von ihren Schülern nicht bedroht fühlen. Sie können ihre Schüler bedenkenlos fördern, ohne Angst um ihre eigene Stellung haben zu müssen. Vorgesetzte in Unternehmen (oder auch in der Kirche) hingegen mögen es ganz und gar nicht, wenn sie das Gefühl haben, ihre Mitarbeiter seien möglicherweise begabter als sie selbst. Mittelmaß umgibt sich mit Mittelmaß, das ist die traurige Wahrheit. Vielleicht heißt es ja auch deswegen: Nicht für die Schule, für das Leben lernen wir. Dobellis Lehrer hatte diese Weisheit wahrhaft verinnerlicht.

Nun könnte man Autoren wie Dobelli natürlich entgegenhalten, dass der Glaube an eine gerechte Weltordnung ebenfalls psychologisch hilfreich sein kann. Wer immer davon ausgeht, dass alles, was passiert, aus gutem Grund so passiert, hadert vielleicht weniger mit den schlimmen Ereignissen in seinem Leben. Der amerikanische Psychologe Melvin Lerner, auf den der Begriff der *just-world-fallacy* zurückgeht, erkannte jedoch anhand seiner Studien, dass dieser Irrglaube auch einige fatale Folgen für das ethische Empfinden haben kann. Menschen, die an eine gerechte Welt glauben, neigen überdurchschnittlich oft zum so genannten *victim blaming*, also dazu, den Opfern selbst die Schuld an ihrer Misere zu geben. Das ist natürlich nur konsequent. Wenn es in der Welt gerecht zugeht, dann muss der Obdachlose an seinem Schicksal selbst schuld sein, ebenso das Vergewaltigungsopfer usw. Man hat sogar herausgefunden, dass Holocaustmahnmale, anstatt Mitgefühl für die Opfer zu erzeugen, den Antisemitismus noch verstärken können, weil Menschen einfach nicht glauben wollen, dass unschuldigen Menschen derartige Grausamkeiten widerfahren können. Natürlich sind längst nicht alle Menschen, die ein „Es wird schon für irgendwas gut sein" auf den Lippen tragen, automatisch Menschenfeinde. Dennoch gehört die *just-world-fallacy* zu jenen Denkfehlern, die wir, wie Dobelli sagen würde, besser anderen überlassen.

Entgegen einem stark verbreiteten Irrtum lehrt das Christentum im Übrigen keine derartige Weltsicht. In anderen Religionen ist diese Vorstellung hingegen überaus verbreitet, insbesondere im

Konzept des *Karma*, das sich vor allem in den fernöstlichen Religionen findet. In diesem System hat jede Handlung unweigerlich eine bestimmte Konsequenz, die sich möglicherweise auch erst in einem zukünftigen Leben manifestieren kann – dieses Schlupfloch bewahrt Menschen, die an dieses Konzept glauben, vor peinlichen Erklärungsnöten.

Der Menschensohn Jesus von Nazareth war da weitaus realistischer. In seiner berühmten Bergpredigt heißt es kurz und knapp: „Gott lässt seine Sonne aufgehen über Böse und Gute, und er lässt es regnen über Gerechte und Ungerechte." Damit ist alles gesagt. Naturereignisse geschehen unabhängig von unseren Taten. Vielleicht hätte auch der österreichische Priester Gerhard Wagner noch einmal in der Bergpredigt nachlesen sollen, bevor er sich dazu hinreißen ließ, die Zerstörung der Stadt New Orleans durch den Hurrikan Katrina im Jahre 2005 wie folgt zu kommentieren: „Der Hurrikan ‚Katrina' hat nicht nur alle Nachtclubs und Bordelle vernichtet, sondern auch alle fünf (!) Abtreibungskliniken. Wussten Sie, dass 2 Tage danach die Homo-Verbände im französischen Viertel eine Parade von 125.000 Homosexuellen geplant hatten? Wie erst so langsam bekannt wird, sind die amoralischen Zustände in dieser Stadt unbeschreiblich. [...] Ist die auffallende Häufung von Naturkatastrophen nur eine Folge der Umweltverschmutzung durch den Menschen oder mehr noch die Folge einer ‚geistigen Umweltverschmutzung'? Darüber werden wir in Zukunft verstärkt nachdenken müssen." Glücklicherweise wurde dieser Vorstoß Wagners von der Katholisch-Theologischen

Fakultät der Universität Wien kurz darauf in einer offiziellen Stellungnahme als „theologisch unhaltbare Kommentierung von Naturereignissen" verurteilt. Übrigens: Als die Stadt Lissabon im Jahr 1755 fast vollständig durch ein Erdbeben zerstört wurde, fielen zahlreiche Kirchen dieser Naturkatastrophe zum Opfer, das Rotlichtviertel hingegen blieb verschont ...

Jesus weist auch an anderen Stellen auf den fehlenden Zusammenhang zwischen Sünde und Bestrafung hin. Als er und seine Jünger an einem Mann vorbeikommen, der blind geboren war, fragen diese: „Rabbi, wer hat gesündigt, dieser oder seine Eltern, dass er blind geboren ist?" Doch Jesus antwortete: „Es hat weder dieser gesündigt noch seine Eltern." Die krampfhafte Suche nach persönlicher Schuld ist auch im Buch Hiob präsent, dem Mustertext für die Behandlung des Problems der Theodizee (der Frage nach der Rechtfertigung Gottes angesichts des Übels in der Welt). Nachdem der gottesfürchtige Hiob allerlei ‚Hiobsbotschaften' über den Verlust seines Vermögens und seiner Angehörigen ertragen musste, klagt er Gott wegen dieser (aus seiner Sicht) unverdienten Schicksalsschläge an: „Einen Bund schloss ich mit meinen Augen, nie eine Jungfrau lüstern anzusehen. Was wäre sonst mein Teil von Gott dort oben, mein Erbe vom Allmächtigen in der Höhe? Ist nicht Verderben dem Frevler bestimmt und Missgeschick den Übeltätern? Sieht er denn meine Wege nicht, zählt er nicht alle meine Schritte? Wenn ich in Falschheit einherging, wenn zum Betrug mein Fuß eilte, dann wäge Gott mich auf gerechter Waage, so wird er meine Unschuld anerkennen. Wenn mein Schritt vom Wege wich, mein Herz meinen Augen folgte, an meinen Händen Makel klebte, dann esse ein anderer, was ich säe, entwurzelt werde, was mir sprosst. [...] Gäbe es doch einen, der mich hört. Das ist mein Begehr, dass der Allmächtige mir Antwort gibt!"

Hiob sucht Rat bei seinen Freunden. Diese versuchen ihn davon zu überzeugen, dass die Schuld bei ihm liegen muss, und wollen ihn zu einem entsprechenden Bekenntnis bewegen. Sie sind somit Vertreter der *just-world-fallacy*, der zufolge Hiob sein Leiden durch seine Schuld selbst verursacht haben muss. Die Gesprächspartner steigern sich immer weiter in ihre Positionen hinein und reden so immer mehr aneinander vorbei, bis sie sich am Ende nichts mehr zu sagen haben. Schließlich erhält Hiob aber dann doch eine Antwort von Gott höchstpersönlich: „Wer ist es, der den Ratschluss verdunkelt mit Gerede ohne Einsicht? Auf, gürte deine Lenden wie ein Mann: Ich will dich fragen, du belehre mich! Wo warst du, als ich die Erde gegründet? Sag es denn, wenn du Bescheid weißt. [...] Willst du wirklich mein Recht zerbrechen, mich schuldig sprechen, damit du recht behältst? Hast du denn einen Arm wie Gott, dröhnst du wie er mit Donnerstimme? So schmücke dich mit Hoheit und mit Majestät und kleide dich in Prunk und Pracht! Lass die Fluten deines Zornes sich ergießen, schau an jeden Stolzen, demütige ihn! Schau an jeden Stolzen, zwing ihn nieder! Zertritt die Frevler auf der Stelle! Verbirg sie insgesamt im Staub, schließ sie leibhaftig im Erdinnern ein! Dann werde auch ich dich preisen, weil deine Rechte den Sieg dir verschaffte. [...] Da antwortete Hiob dem Herrn und sprach: Ich habe erkannt, dass du alles vermagst; kein Vorhaben ist dir verwehrt. Wer ist es, der ohne Einsicht den Rat verdunkelt? So habe ich denn im Unverstand geredet über Dinge, die zu wunderbar für mich und unbegreiflich sind. Hör doch, ich will nun reden, ich will dich fragen, du belehre mich! Vom Hörensagen nur hatte ich von dir vernommen; jetzt aber hat mein Auge dich geschaut. Darum widerrufe ich und atme auf, in Staub und Asche."

Diesen Rat Gottes griff auch der deutsche Universalgelehrte Gottfried Wilhelm Leibniz (1646-1716) auf, der den Begriff ‚Theodizee' durch sein gleichnamiges Werk (1710) überhaupt erst in die Geistesgeschichte einführte. Leibniz schlägt vor, auf die Vorstellung zu verzichten, dass wir Gottes Handeln beurteilen könnten. In seiner Schrift argumentiert er wie folgt: „Der Gegenstand Gottes hat etwas Unendliches an sich; seine Sorge erstreckt sich auf das ganze Universum: Was wir davon kennen, ist beinah nichts; und da wollen wir seine Weisheit und Güte an unseren Erfahrungen messen? Welche Vermessenheit oder besser, welche Absurdität! Den Einwürfen liegen falsche Voraussetzungen zugrunde; lächerlich ist es, Recht sprechen zu wollen, wenn man den Tatbestand nicht kennt." So gelangt Leibniz zu der Überzeugung, dass wir in der besten aller möglichen Welten leben, ja leben müssen, denn wie anders könnte es sein, wenn Gott die Welt geschaffen hat?

Der französische Aufklärer Voltaire (1694-1778) nahm Leibniz‘ optimistische Einstellung gekonnt auf die Schippe. In seiner 1759 erschienenen Satire *Candide oder die beste aller Welten* stellt er dem Titelhelden einen Hauslehrer namens Pangloss an die Seite, der seinen Schützling mit Penetranz davon zu überzeugen versucht, dass alles in dieser Welt zum Besten bestellt sei: „‚Es ist erwiesen‘, sagt er, ‚dass die Dinge nicht anders sein können: denn da Alles zu einem Zweck geschaffen worden, ist Alles notwendigerweise zum denkbar besten Zweck in der Welt. Bemerken Sie wohl, dass die Nasen geschaffen wurden, um den Brillen als Unterlage zu dienen, und so tragen wir denn auch Brillen. Die Beine sind augenscheinlich so eingerichtet, dass man Strümpfe darüberziehen kann, und richtig tragen wir Strümpfe. Die Steine wurden gebildet, um behauen zu werden und Schlösser daraus zu bauen, und so hat denn auch der gnädige Herr ein prachtvolles Schloss.‘“ Im Laufe der Erzählung wird Candide allerdings aus seiner behüteten Umgebung herausgerissen und gerät zum Spielball der entsetzlichsten Missgeschicke, unter anderem erlebt er das grauenvolle Erdbeben von Lissabon (siehe oben) mit. Am Ende ist er von der *just-world-fallacy* geheilt und folgt lieber dem Ratschlag seines Freundes Martin: „Lasst uns arbeiten, ohne zu vernünfteln, das ist das einzige Mittel, sich das Leben erträglich zu machen.“

Einer unter den großen Theologen, der ebenfalls diesem Ratschlag gefolgt ist, war Albert Schweitzer (1875-1965). In einer Predigt aus dem Jahre 1919 stellt er die entscheidende Frage:

„Warum ist der Gott, der sich in der Natur offenbart, die Verneinung von allem, was wir als sittlich empfinden, nämlich zugleich sinnvoll Leben aufbauende und sinnlos Leben zerstörende Kraft? Wie bringen wir Gott, die Naturkraft, in eins mit Gott, dem sittlichen Willen, dem Gott der Liebe, wie wir ihn uns vorstellen müssen, wenn wir uns zu höherem Wissen vom Leben, zur Ehrfurcht vor dem Leben, zum Miterleben und Mitleiden erhoben haben?“ Doch der habilitierte Theologe, der sich mit 30 Jahren entschied, seine vielversprechende akademische Karriere aufzugeben und als Arzt nach Afrika zu gehen, weiß auf ebendiese Frage keine Antwort zu geben. Daher entschließt er sich für die aus seiner Sicht einzig redliche Folgerung: Er verzichtet vollständig auf jedwede Versuche, Gottes Wirken in der Welt zu verstehen oder zu erklären, und beschließt stattdessen, einfach dem Liebesgebot Jesu zu folgen – was er ja dann auch getan hat.

Religiöse Menschen haben keine besseren Erklärungen für die Abläufe der Welt als nichtreligiöse. Sie glauben nicht an einen Sinn des Lebens, weil sie einen Sinn im Weltgeschehen erblicken würden, sondern trotz der scheinbaren Sinnlosigkeit desselben. Der bereits erwähnte Psychologe Viktor Frankl, der das Konzentrationslager Auschwitz überlebte, gebraucht hierfür ein drastisches Beispiel: „Ich bestreite aufs Entschiedenste, dass es möglich ist, sich in ein Handeln einzulassen, zu sagen: Lieber Gott, pass mal auf, bis zu 526.000 ins Gas gegangenen Juden behalte ich meinen Glauben an dich, aber nicht einen Einzigen mehr lasse ich zu. Dass du 5 oder 6 Millionen hast umkommen lassen – daraufhin ziehe ich meinen Glauben zurück. Handeln kann man nicht. Und siehe da, der Glaube, der wirkliche Glaube, besteht auch dann noch fort. [...] Es sollte also nicht gleich immer wieder die Formulierung ‚nach Auschwitz' gebracht werden im Zusammenhang mit der Fähigkeit zu glauben, sondern es sollte hier die Rede sein von einem Glauben trotz Auschwitz."

In der Welt der Sternenkriege wäre die Zerstörung Alderaans durch das Imperium wohl jenes Ereignis, das den Schrecken des Holocausts am nächsten kommt. Obi-Wan kann die Zerstörung fühlen: „Ich spürte eine große Erschütterung der Macht. Als ob Millionen in panischer Angst aufschrien und plötzlich verstummten. Etwas Furchtbares ist passiert." Der Jedimeister ist erschüttert ob dieses Ereignisses, aber es lässt ihn nicht im Geringsten an der Macht und ihrer alles zusammenhaltenden Kraft zweifeln. Allerdings würde er wohl auch niemals behaupten, dass dieser Massenmord zu irgendetwas gut sei, geschweige denn zum Besten, wie Pangloss/Leibniz sagen würde.

In diesem Zusammenhang ist schließlich noch ein weiterer Charakter aus den Star-Wars-Filmen interessant, den wir bisher noch überhaupt nicht erwähnt haben: C-3PO. Dieser muss sich von seinem kleinen Kumpanen als „wirrköpfigen Philosophen" beschimpfen lassen, was wohl auch irgendwie zutrifft, denn der goldummantelte Droide hat einige faszinierende, wenngleich wenig hilfreiche Ansichten zum Thema ‚Sinn des Lebens'. Während er gemeinsam mit R2-D2 auf Tatooine durch die scheinbar endlose Wüste spaziert, sinniert er: „Wie sind wir nur in diese jammervolle Situation geraten? Ich weiß es wirklich nicht. Wir sind eben zum Leiden geschaffen. Das ist nun mal unser Los." Hier zeigen sich Unterschiede, aber auch gewisse Parallelen zu Philosophen wie Leibniz. Zwar glaubt C-3PO nicht an die beste aller möglichen Welten, aber auch er ist überzeugt, dass alles auf der Welt seinen Sinn und Zweck hat, wobei der Sinn seines Lebens im Leiden besteht.

Tja, dann doch lieber der Glaube an eine gerechte Welt!

Kapitel I

„DIESE FÖDERATIONSVERTRETER SIND ALLESAMT FEIGLINGE"

GELD – DIE WURZEL ALLEN ÜBELS?

Kennen Sie Lex Luthor? Ja, genau, der Erzfeind von Superman, das werden vermutlich viele noch gewusst haben. Aber was genau verbinden Sie mit dieser Figur? Ich möchte an dieser Stelle eine Hypothese wagen. Wenn Sie vor 1975 geboren sind, dann kennen Sie Lex Luthor vor allem als genialen, aber verrückten Wissenschaftler, der die Welt durch gefährliche Erfindungen bedroht. Wenn Sie nach 1975 geboren sind, dann denken Sie bei Lex Luthor in erster Linie an einen steinreichen Industriellen, der versucht, wirtschaftliche und politische Macht zu erlangen. Lag ich in etwa richtig?

Auch wenn es in der Welt der Comics alles andere als unüblich ist, dass Charaktere von Zeit zu Zeit ein neues Design verpasst bekommen, so geschieht es doch höchst selten, dass eine so prominente Figur wie Lex Luthor von Grund auf neu erfunden wird.

Wie kam es also zu diesem Schritt? Schließlich ist ja auch Clark Kent noch immer Zeitungsreporter, obwohl kaum noch jemand Zeitung liest. Aber der Schurke war für die Handlung schon immer wichtiger als der Held, und es braucht jemanden, der für das Publikum bedrohlich wirkt. In früheren Zeiten war der unberechenbare Wissenschaftler ein hervorragend geeignetes Feindbild. Die Angst vor der unkontrollierbaren Technologie, insbesondere vor den Möglichkeiten der Nukleartechnik, war ein guter Anknüpfungspunkt. Wussten Sie, dass Lex Luthor bereits 1944 eine Atombombe einsetzte, also noch bevor die USA ihr Manhattan-Projekt abgeschlossen hatten? Aus diesem Grund verbot die amerikanische Regierung übrigens auch die Publikation des besagten Heftes, das erst 1946 veröffentlicht werden durfte. Aber auch nach dem Krieg, insbesondere in Anbetracht der ‚roten Gefahr' aus dem Osten, war der verrückte Professor noch immer ein für den amerikanischen Markt passender Bösewicht. Mit der zunehmenden Entspannung und dem schließlichen Ende des Kalten Krieges jedoch brauchte es ein neues Feindbild, das auch sehr schnell in Form des rücksichtslosen Finanzmagnaten gefunden war. Diese Entscheidung erwies sich als überaus nachhaltig.

Bis heute hat die Wirtschafts- und Finanzwelt nichts von ihrem Negativimage verloren, Proteste gegen entsprechende Organisationen, wie etwa einen G-20-Gipfel, locken heute weit mehr Demonstranten auf die Straße als Friedensmärsche und Antiatomkraftbewegung zusammen. Lex Luthor wird also wohl noch eine Weile der bleiben, der er ist.

Als George Lucas 1977 die Star-Wars-Saga auf die Leinwand brachte, wählte er das „böse galaktische Imperium" (wie es im Vorspann heißt) als Gegner, was zur damaligen Zeit hervorragend funktionierte. Es sollte beachtet werden, dass nicht wenige Amerikaner zu dieser Zeit noch den Kampf gegen Nazi-Deutschland in Erinnerung hatten. Aber selbst für die jüngere Generation war das ‚Reich des Bösen' in Form der Sowjetunion überaus präsent. Außerdem gehört der Freiheitskampf gegen ein unterdrückerisches imperiales Regime zum Gründungsmythos der USA. Im Jahre 1977 konnte sich also so gut wie jeder Zuschauer mit dem Kampf gegen das Imperium identifizieren. Im Jahre 1999, als Episode I erschien, war das schon schwieriger. Es musste eine neue Bedrohung her, und so griff Lucas zu einem ähnlichen Schritt wie die Autoren der Superman-Comics. Er erfand die Handelsföderation, von der niemand im Star-Wars-Universum je zuvor gehört hatte. Dankenswerterweise wird diese im Vorspann zu Episode I direkt als die „unersättliche Handelsföderation" eingeführt, sodass – ähnlich wie beim *bösen* Imperium – keinerlei Gefahr besteht, dass der Zuschauer sich zunächst ein eigenes Urteil über sie bildet. Im Original wird sie übrigens einfach nur als *greedy* (gierig) bezeichnet, womit eine direkte Verbindung zur Dunklen Seite signalisiert wird.

Die Handelsföderation ist ein wahrlich merkwürdiges Gebilde. Obwohl es sich um eine intergalaktische Organisation von Kaufleuten handelt, scheint sie ausschließlich aus einer einzigen

Spezies zu bestehen, den Neimoidianern, die aus unerfindlichen Gründen alle mit französischem Akzent sprechen. In der französischen Fassung des Films sprechen sie übrigens mit deutschem Akzent, im Original klingen die Herrschaften asiatisch, im Italienischen klingen sie wie Russen usw. Offenbar genügte die Diskreditierung als habgierige Betrüger nicht, sie mussten auch noch jeweils mit einem bestimmten nationalen Klischee versehen werden. Für besondere Aufregung sorgte vor allem die Figur des Watto, des Sklavenhändlers auf Tatooine. Seine merkwürdig aussehende Nase, sein Bart und sein Hut (Episode II), seine Besessenheit von Geld, die ihn sogar immun gegen die mentalen Tricks der Jedi macht, sowie sein (im Original deutlich zu hörender) jiddischer Akzent machen ihn zum vollkommenen Klischee eines Juden. Der amerikanische Journalist Bruce Gottlieb nannte ihn in Anspielung auf das berühmte Stück Shakespeares „The Merchant of Menace“ (zu Deutsch: der bedrohliche Kaufmann). Trösten darf man sich wenigstens mit der Tatsache, dass Watto, wenngleich wenig sympathisch, nicht zu den eigentlichen Bösewichten der Filme gehört – im Gegensatz zur Handelsföderation!

Eine Erklärung für deren ethnisch einseitige Besetzung liefert die große Star-Wars-Enzyklopädie. Die Neimoidianer gelten als eine der unternehmerisch begabtesten und aktivsten Spezies in der Galaxis, was auf die Art ihrer frühkindlichen Sozialisation zurückzuführen ist. Hier erleben sie einen knallharten Existenzkampf, der wiederum zu einer lebenslangen Existenzangst führt, die schließlich für die übertriebene unternehmerische Aktivität der Neimoidianer verantwortlich ist. Wer auch immer diese Enzyklopädie geschrieben hat, sollte sich dringend ein wenig Nachhilfe in den Grundlagen der Psychologie verschaffen. Denn Menschen, die unter extremer Existenzangst leiden, ergreifen für gewöhnlich gerade nicht eine unternehmerische Laufbahn, da sie das damit einhergehende Risiko scheuen, und entscheiden sich stattdessen lieber für sicherheitsorientierte Berufe sowie eine aufs Sparen angelegte Finanzstrategie.

Aber kommen wir nun zurück zu den Absonderlichkeiten der Handelsföderation, wie zum Beispiel der Tatsache, dass sie über einen Sitz im Galaktischen Senat verfügt. Der Senat besteht aus Vertretern einzelner Planeten oder Planetensysteme, wie etwa Senator Palpatine das souveräne System von Naboo vertritt. Was eine intergalaktische Föderation von Handelsvertretern in diesem Gremium zu suchen hat, kann nicht einmal die große Enzyklopädie beantworten. Die Symbolik ist indes klar: Es soll verdeutlicht werden, wie übermäßig groß der politische Einfluss der Wirtschaft auf das politische System der Republik ist. Lucas greift hier ein Problem auf, das auch in unserer Welt bekannt ist, und zwar in Form des oft kritisierten Einflusses wirtschaftlicher Lobbygruppen auf politische Entscheidungsprozesse.

Zu guter Letzt versteht niemand so richtig, in welcher Beziehung die Handelsföderation zu der *Konföderation Unabhängiger Systeme* steht, die sich zwischen Episode I und Episode II von der Republik abgespalten hat und auch anschließend noch stetig neue Mitglieder gewinnt. Mehr erfahren wir über dieses politische Gebilde allerdings auch nicht. Es wird mit keinem Wort erwähnt, warum sich diese Systeme abgespalten haben, wie sie politisch organisiert sind oder was das alles mit der Handelsföderation und den ihr verwandten Wirtschaftsverbänden zu tun hat. Wir können also nur spekulieren. Die *Confederacy of Independent Systems*, wie der Name im Original lautet, erinnert unschwer an die *Confederate States of America* (kurz: Confederacy), jene zunächst sieben Staaten im Süden der USA, die sich 1861 von der Union abspalteten und damit den Amerikanischen Bürgerkrieg heraufbeschworen. Wenn wir also davon ausgehen, dass George Lucas eine analoge politische Entwicklung im Sinn hatte, als er das Drehbuch für die Prequels schrieb, so dürfen wir annehmen, dass sich auch die Konföderierten Systeme, ähnlich wie die Südstaaten der USA, aus primär wirtschaftlichen Gründen aus dem früheren Bund gelöst haben. Wenn wir der Analogie weiter folgen, so lassen sich unlautere wirtschaftliche Motive annehmen, denn den Südstaaten ging es ja vorrangig um den Erhalt der Sklavenhaltung, auf der ihre gesamte Wirtschaft aufbaute. Wenn diese Vermutungen zutreffen, so wäre es naheliegend, dass die Handelsföderation politische Bestrebungen unterstützt, aus denen sie Profit schlagen kann. Dennoch müssen die Konföderierten Systeme ja auch politisch organisiert sein, brauchen ein Parlament, einen Kanzler oder Präsidenten etc. Warum sehen und hören wir von diesen Institutionen in den Filmen nie etwas? Natürlich geht es auch hier in erster Linie um Symbolik. Der Primat des Politischen wird ausgehöhlt, die Wirtschaft übernimmt alles. Letzten Endes ging die Republik durch Geldgier zugrunde.

Sicherlich ist eine fiktive, aus grünhäutigen, nasenlosen Franko-Aliens bestehende Handelsföderation nicht die beste Grundlage für eine umfangreiche Analyse in Sachen Wirtschaftsethik. In diesem kurzen Kapitel soll daher lediglich der Versuch unternommen werden, einen kleinen Einblick in einige der vielfältigen Missverständnisse zu geben, mit denen dieser Bereich behaftet ist. Christen sollten generell vorsichtig mit verdammenden Urteilen sein, aber wenn sie sich genötigt fühlen, diese auszusprechen, so sollten sie sich zumindest in der entsprechenden Thematik auskennen. Wie sagt Qui-Gon Jinn: „Die Fähigkeit zu sprechen macht dich noch nicht intelligent."

Wie auch immer man den ethisch korrekten Umgang mit Geld konkret definieren möchte, die oberste Regel der ethischen Bewertung darf niemals außer Acht gelassen werden: *Man sollte wissen, worüber man spricht, bevor man urteilt.* Insbesondere im Finanzwesen wird diese Regel allerdings gerne außer Acht gelassen. Wenn ich Leute über die Machenschaften der Finanzbranche schimpfen und dabei mit vielerlei Begriffen um sich werfen höre, mache ich mir oft den Spaß und frage sie, ob sie mir einige Begriffe aus diesem Bereich erklären können. Was ist eine Anleihe? Was ist ein Leerverkauf? Können Sie erraten, wie viel Prozent der Befragten mir auf solche Fragen eine einigermaßen korrekte Antwort geben können?

Es ist nicht verwerflich, sich mit wirtschaftlichen Themen nicht auszukennen, aber es ist verwerflich, über Dinge zu urteilen, mit denen man sich nicht auskennt. Auch und gerade in kirchlichen Kreisen ist dieser Fehler allerdings weit verbreitet. Einer, der weise genug war, ihn nicht zu begehen, und auch andere davor warnte, war Papst Benedikt XVI. Bei einem Treffen mit dem Klerus der Diözese Rom im Jahre 2009 sprach er über die Beurteilung der Finanzkrise des vorigen Jahres: „Auf diesem langen Weg sehe ich, wie schwierig es ist, mit entsprechender Kompetenz darüber zu sprechen, denn wenn man sich mit einer bestimmten wirtschaftlichen Realität nicht mit Kompetenz auseinandersetzt, kann man nicht glaubwürdig sein. [...] Denn große Moralpredigten helfen wenig, wenn sie nicht jeweils durch die Kenntnis der Realität untermauert sind, die auch hilft zu verstehen, was man konkret tun kann, um die Lage allmählich zu verändern." Weniger weise war wenige Monate zuvor der anglikanische Bischof von York gewesen, als der die Übernahme der englischen Bank HBOS durch die Lloyds Banking Group geißelte. Insbesondere kritisierte er die Praxis der Leerverkäufe, die (angeblich) zu dieser Übernahme geführt habe. Menschen, die eine derartige Praxis unterstützen oder selbst ausüben, seien in seinen Augen nichts weiter als „Bankräuber".

Nun, entweder weiß der Bischof nicht, was Bankräuber sind, oder er versteht das Konzept von Leerverkäufen nicht. Ich tippe mal auf Letzteres. Was also verbirgt sich hinter diesem Wort? Bei einem Leerverkauf *(short sale)* verkauft man Aktien, die man nicht besitzt, sondern sich geliehen hat. Erläutern wir das an einem Beispiel. Nehmen wir an, Sie sind davon überzeugt, dass die Aktie des Unternehmens ABC (Kurswert 100 Euro) demnächst stark steigen wird. Sie investieren daher 10.000 Euro in Aktien dieses Unternehmens und erhalten dafür ... richtig: 100 Stück. Jetzt nehmen wir an, Ihre Prognose war korrekt, und die Aktien von ABC steigen innerhalb eines Jahres auf 200 Euro – was Aktien übrigens für gewöhnlich nicht tun. Jetzt verkaufen Sie Ihr Aktienpaket wieder und haben (abzüglich Steuern und Gebühren, aber möglicherweise mit zusätzlicher Dividende) einen Gewinn von 10.000 Euro gemacht. Das ist das klassische Aktiengeschäft, wie man es kennt.

Jetzt hätte es ja aber auch sein können, dass Sie den Aktienwert von 100 Euro für das Unternehmen ABC für stark überbewertet halten und somit davon ausgehen, dass der Kurs bald rapide fallen wird. Wenn Sie von diesem zu erwartenden Kursfall profitieren möchten, greifen Sie zum Leerverkauf. Sie leihen sich 100 Aktien des Unternehmens und verkaufen diese für 10.000 Euro. Anschließend fällt der Kurs der Aktie auf 50 Euro. Jetzt kommt der Trick: Sie haben sich ja nicht 10.000 Euro geliehen, sondern 100 Aktien. Den Verkaufserlös kann Ihnen niemand mehr nehmen, aber Sie müssen natürlich Ihre Aktienschuld begleichen. Sie kaufen also 100 Aktien der ABC zum Preis von 5.000 Euro, geben diese Aktien zurück und haben (wiederum unter Berücksichtigung der entsprechenden Abzüge) 5.000 Euro Gewinn gemacht.

Beide Verfahren sind mit den gleichen Risiken verbunden, denn in beiden Fällen machen Sie Verluste, wenn Ihre Prognose falsch ist. Wer das Risiko scheut, wird weder das eine noch das andere Geschäft eingehen wollen. Jedenfalls gibt es keinerlei Grund, das erste Verfahren ethisch positiver zu bewerten als das zweite. Emotional ist diese Haltung zwar verständlich, denn es wirkt einfach freundlicher, von dem Aufstieg eines Unternehmens zu profitieren als von dessen Abstieg. Aber nach dieser Logik dürften Aktien überhaupt nicht verkauft werden, denn (größere) Aktienverkäufe führen immer zu einem Abfall des Kurses. Wird dieser Abstieg allerdings durch falsche Gerüchte oder Ähnliches herbeigeführt, dann befinden wir uns tatsächlich im Bereich der Kriminalität – eine Praxis, die innerhalb der Filmwelt übrigens gelungen in Wall Street 2 dargestellt wurde. Aber das wäre ebenso der Fall, wenn der Preis eines Unternehmens durch derartige Verfahren in die Höhe getrieben wird (siehe Wall Street 1). Der Aktienkurs eines Unternehmens soll dessen aktuellen Wert widerspiegeln. Ist dieser Wert angemessen, bleibt der Kurs in etwa konstant. Ist das Unternehmen unterbewertet, wird er steigen, ist es überbewertet, wird er fallen. Anlegern muss gestattet sein, in beide Richtungen zu investieren.

Die Geistesgeschichte der westlichen Welt ist voll von Denkern, die im Geld die Wurzel allen Übels sehen, von dem römischen Dichter Horaz, der in seinen Oden empfahl, alles Geld ins Meer zu werfen, um so von allen Übeln frei zu werden, bis hin zu Richard David Precht, der in seinem Buch *Die Kunst, kein Egoist zu sein* schreibt: „So gesehen liegt es in der Natur des Geldes, den Charakter von Menschen durch die ihm eigene Charakterlosigkeit zu verderben." Auch christliche Denker sind zuweilen auf diesen Zug aufgesprungen. Ein christlicher Theologe, der sich der pauschalen Verurteilung des Geldes entgegensetzte, war John Wesley (1703-1787), der Gründer der methodistischen Kirche. In seiner Predigt *Der Gebrauch des Geldes* heißt es:

„Denn mag die Welt auch noch so verdorben sein, darf man Gold oder Silber die Schuld dafür geben? ‚Die Liebe zum Geld', das wissen wir, ‚ist die Wurzel allen Übels' (1. Timotheusbrief 6,10), nicht aber das Geld selbst. Die Schuld liegt nicht beim Geld, sondern bei denen, die es gebrauchen. Es kann missbraucht werden, doch wofür gilt das nicht? Es kann aber ebenso richtig gebraucht werden. Es lässt sich vollständig zu den besten wie zu den schlechtesten Zwecken einsetzen. Es ist von unaussprechlichem Nutzen für alle zivilisierten Nationen in allen alltäglichen Angelegenheiten des Lebens. Es ist ein höchst praktisches Mittel zur Abwicklung aller Arten von Geschäften und (wenn wir es nach christlicher Weisheit gebrauchen) zur Verwirklichung alles nur erdenklich Guten. Es ist wahr, wäre der Mensch im Zustand der Unschuld, oder wären alle Menschen ‚vom Heiligen Geist erfüllt', sodass, wie in der Urgemeinde von Jerusalem, ‚auch nicht einer von seinen Gütern sagte, dass sie sein wären', und „man einem jeden gab, was er nötig hatte' (Apostelgeschichte 4,31-35), dann wäre der Gebrauch des Geldes überholt; wie wir uns auch nicht vorstellen können, dass es etwas Derartiges bei den Bewohnern des Himmels gibt. Aber im jetzigen Zustand des Menschen ist es eine großartige Gabe Gottes, den edelsten Zwecken entsprechend. In den Händen seiner Kinder ist es Speise für die Hungrigen, Trank für die Durstigen, Kleidung für die Nackten. Dem Reisenden und Fremden gibt es einen Ort, wo er sein Haupt hinlegen kann. Mit Geld können wir der Witwe den Ehemann ersetzen und den Vaterlosen den Vater; wir können den Unterdrückten ein Schutz sein, den Kranken ein Heilmittel, den Leidenden Erleichterung. Geld kann für die Blinden wie Augen sein, für die Lahmen wie Füße; ja, es kann uns wahrhaftig aus den Toren des Todes erheben."

Die Liebe zum Geld ist die Wurzel allen Übels, nicht aber das Geld selbst. Diese fundamentale Unterscheidung wird seit den frühesten Zeiten der Kirche immer wieder von Theologen und Predigern betont, nicht nur in Bezug auf das Geld. So attackiert bereits der antike Theologe Origenes (185-254) jene Christen, die meinen, sie könnten allein den äußeren Umständen die Schuld für ihr Verhalten geben: „Denn, um ein Beispiel anzuführen, wenn jemand sich entschlossen hat, enthaltsam zu leben und geschlechtlichen Verkehr zu meiden, so ist nicht die Frau, die er sieht und die ihn anreizt, gegen seinen Vorsatz zu handeln, die zureichende Ursache dafür, den Vorsatz außer Kraft zu setzen; denn er handelt auf jeden Fall (deshalb) zuchtlos, weil er Wohlgefallen fand an dem Kitzel und der Glätte der Lust, da er nicht willens war, dagegen Widerstand zu leisten und seinen Entschluss durchzuhalten. Ein anderer handelt umgekehrt, wenn dasselbe ihm begegnet, weil er mehr Wissen aufgenommen und geübt hat: Der Kitzel und der Reiz treten zwar auf, aber die Vernunft [...] erwehrt sich der Reizungen und baut die Begierde wieder ab." Ebenso redet Wesley seinen Hörern ins Gewissen: Nicht das Geld macht euch zu schlechten Menschen, wie es die heidnischen Philosophen behaupten, sondern euer schlechter Umgang damit!

Wesley verteidigt das Geld mit Nachdruck als eine „großartige Gabe Gottes, den edelsten Zwecken entsprechend", und lobt dabei vor allem seinen praktischen Nutzen bei der Abwicklung von Geschäften. Damit hat Wesley, ohne den Begriff zu nennen, die wichtigste Funktion des Geldes angesprochen, die *Tauschfunktion*. Dieser bedeutende Nutzen des Geldes wurde ausführlich erstmals von Carl Menger (1840-1921), dem Begründer der Österreichischen Schule der Nationalökonomie, in seinem klassischen Werk *Grundsätze der Volkswirtschaftslehre* aus dem Jahre 1871 beschrieben:

„In den Anfängen des menschlichen Verkehrs, wo die Erkenntnis des ökonomischen Nutzens, welcher sich aus der Ausbeutung der vorhandenen Tauschgelegenheiten erzielen lässt, bei den wirthschaftenden Subjecten erst allmählig erwacht, ihre Zwecke, wie dies der Einfachheit aller Culturanfänge entspricht, vorerst nur auf das Nächstliegende gerichtet sind, und demgemäss Jedermann bei den Gütern, die er im Austausche erhalten soll, lediglich den Gebrauchswerth im Auge hat, werden die factisch zu Stande kommenden Tauschoperationen sich naturgemäss auf jene Fälle beschränken, wo Güter für die wirthschaftenden Subjecte, in deren Besitze sie sich befinden, einen geringeren Gebrauchswerth haben, als andere im Besitze anderer Subjecte befindliche Güter, während bei diesen letzteren Subjecten wiederum, rücksichtlich derselben Güter, das umgekehrte Verhältnis der Werthschätzung stattfindet. A besitzt ein Schwert, das für ihn einen geringeren Gebrauchswerth hat, als der Pflug des B, während für B derselbe Pflug einen geringeren Gebrauchswerth hat, als das Schwert des A; – auf solche und ähnliche Fälle beschränken sich unter den obigen Verhältnissen nothwendigerweise die thatsächlich zur Ausführung gelangenden Tauschoperationen. Nun ist es unschwer zu erkennen, dass unter solchen Verhältnissen die Zahl der thatsächlich zu Stande kommenden Tauschoperationen nur eine sehr eng begrenzte sein kann. Wie selten trifft sich nämlich der Fall, dass für eine Person ein in ihrem Besitz befindliches Gut einen geringeren Gebrauchswerth hat, als ein anderes im Besitz einer anderen Person befindliches, während zugleich für diese letztere gerade das umgekehrte Verhältnis stattfindet, um wie viel seltener noch der Fall, dass diese beiden Personen, selbst wenn das obige Verhältnis in einzelnen Fällen besteht, sich gegenseitig finden!“

Dieses Problem der *coincidence of wants* wird durch die Einführung eines Tauschmittels (Geld) umgangen, der Handel zwischen Menschen somit enorm vereinfacht bzw. erst ermöglicht. Derartige ökonomische Definitionen und Fachbegriffe waren Wesley freilich unbekannt. Nichtsdestoweniger hat er, allein aufgrund seiner praktischen Lebenserfahrung, das Wesen und die Vorteile des Geldes erkannt und kann daher eine entsprechende Lobeshymne anstimmen, wobei er sich in erster Linie auf das karitative Potenzial des Geldes konzentriert.

Ein weiterer entscheidender Punkt in diesem Abschnitt der Predigt ist Wesleys nachdrückliche Ablehnung jeglicher Sozialutopie. Er betont den „jetzigen Zustand" des Menschen, der sich nicht mehr im Paradies und noch nicht im Himmel befindet, sondern in der gefallenen Welt. Die Gütergemeinde der Jerusalemer Urgemeinde, die in der Apostelgeschichte des Lukas beschrieben wird und auf die Wesley in diesem Abschnitt anspielt, wurde im Laufe der Jahrhunderte immer wieder als Vorbild ‚sozialistischer' Gesellschaftsentwürfe herangezogen. Im Kontext der Reformation war es vor allem die Täuferbewegung, namentlich in Münster, die sich dem Ideal der Gütergemeinschaft verschrieb. In jüngerer Zeit ist in erster Linie die in Südamerika entstandene Befreiungstheologie zu nennen, die mehrheitlich ebenfalls ein sozialistisches Gesellschaftssystem favorisiert. Einer ihrer wirkmächtigsten Vertreter war der mexikanische Theologe José Porfirio Miranda (1924-2001), der mit Buchtiteln wie *Marx y la biblia* (1971) und *Comunismo en la Biblia* (1981) für Aufsehen sorgte. In letzterem Werk bezog sich Miranda explizit auf die lukanische Darstellung der urgemeindlichen Gütergemeinschaft:

„Lukas verfolgt offensichtlich die Absicht, eine fundamentale

Regel zu setzen. Es geht hier nicht um einen besonderen Lebensstil, der anders wäre als der der Allgemeinheit der Christen. [...] Wenn sie Christen sein wollten, dann war die Bedingung dafür der Kommunismus. Die antikommunistischen Kommentatoren brachten vor, dass dies Lukas' persönliche Meinung sei und dass die anderen Autoren des Neuen Testaments diese nicht bestärken. [...] Wir werden sehen, dass die Hypothese eines Widerspruchs zu Lukas an anderer Stelle des Neuen Testaments falsch ist. Denn Jesus selbst war Kommunist."

John Wesley glaubt durchaus an die vollkommene Gütergemeinschaft der Urgemeinde, ohne freilich mit konkreten Gesellschaftssystemen wie Kommunismus oder Sozialismus vertraut zu sein. Insofern stimmt er mit Autoren wie Miranda überein. Andererseits bestreitet er die Modellfunktion dieser Form des Zusammenlebens für spätere christliche Gemeinden. Für Wesley stellt die Urgemeinde von Jerusalem einen einmaligen Sonderfall in der Geschichte des Christentums dar. Zwar betont er die Wirkung des Heiligen Geistes zu allen Zeiten der Welt, aber nur im unmittelbaren Kontext des Jerusalemer Pfingstwunders waren *sämtliche* Gemeindeglieder „voll des Heiligen Geistes", sodass eine vollständige Gütergemeinschaft möglich wurde.

Wesleys erste Anweisung für den Umgang mit Geld – man mag es kaum glauben – lautet: „Erwirb, was du kannst!" Ach herrje, das klingt aber verdächtig nach dem schlimmen Wort ‚Gewinnmaximierung', oder? Ja, das tut es, und genau das ist auch gemeint.

Nachdrücklich fordert Wesley seine Zuhörer auf, ihre diesbezüglichen Vorbehalte abzubauen. Würde er seine Predigt vor heutigem christlichem Publikum halten, er müsste diesen Punkt vermutlich ebenso, wenn nicht gar stärker, betonen. Gewinnmaximierung wird damals wie heute von vielen Christen als ethisch minderwertig verurteilt. Den jüngsten Beweis hierfür liefert die 2015 erschienene und heftig umjubelte Enzyklika *Laudato Si* von Papst Franziskus. Darin heißt es unter anderem: „Ist es realistisch zu hoffen, dass derjenige, der auf den Maximalgewinn fixiert ist, sich mit dem Gedanken an die Umweltauswirkungen aufhält, die er den kommenden Generationen hinterlässt? Innerhalb des Schemas der Rendite ist kein Platz für Gedanken an die Rhythmen der Natur, an ihre Zeiten des Verfalls und der Regenerierung und an die Kompliziertheit der Ökosysteme, die durch das menschliche Eingreifen gravierend verändert werden können. [...] Das Prinzip der Gewinnmaximierung, das dazu neigt, sich von jeder anderen Betrachtungsweise abzukapseln, ist eine Verzerrung des Wirtschaftsbegriffs."

Interessant sind in diesem Zusammenhang die Gedanken des deutschen Ökonomen Günter Wöhe in seiner *Einführung in die Allgemeine Betriebswirtschaftslehre* (23. Auflage, 2008): „Wer die Gewinnmaximierungshypothese mit sozialethischen und gesellschaftspolitischen Argumenten anzweifelt, kritisiert im Prinzip nicht die Betriebswirtschaftslehre, sondern die bestehende Wirtschaftsordnung und die durch diese Ordnung bedingten gesellschaftlichen Strukturen. Die Kritik trifft den Prozess der volkswirtschaftlichen Einkommensbildung und Einkommensverteilung und würde vermutlich nicht geübt, wenn die in Betrieben erzielten Gewinne nicht allein den Unternehmern und Anteilseignern zufließen, sondern in anderer Weise verteilt würden. [...] Diejenigen Kritiker, die mit ihren ideologischen Angriffen auf die Gewinnmaximierung in Wirklichkeit auf die bestehende Wirtschafts- und Gesellschaftsordnung zielen, übersehen, dass dieses Prinzip nichts über die Verwendung des erzielten Gewinns aussagt und damit die Analyse der Mittelentscheidungen über die Realisierung dieser Zielsetzung nicht als Parteinahme für die ‚herrschende Klasse' interpretiert werden kann."

Auch wenn Wöhe den derzeitigen Papst nicht mehr erleben durfte, hätte sich dieser Text wortwörtlich auf diesen beziehen können. Tatsächlich stellt die genannte Enzyklika des Oberhauptes der römisch-katholischen Kirche eine scharfe Kritik an unserem freiheitlichen Gesellschaftssystem dar. Das bedeutet natürlich keineswegs, dass die Sorge des Papstes, das Prinzip der Gewinnmaximierung könne sich von jeder anderen Betrachtungsweise abkapseln, gänzlich unberechtigt wäre. Dennoch hätte auch Wesley vollends mit Wöhe übereingestimmt, wenn dieser zu Recht darauf hinweist, dass die Gewinnmaximierung „nichts über die Verwendung des erzielten Gewinns aussagt" und somit nicht grundsätzlich zu verurteilen ist. Genau auf diesen Punkt will Wesley in seiner Predigt hinaus, es geht ihm um den *richtigen* Gebrauch des Geldes. Dazu gehören aber nicht nur das richtige Ausgeben, sondern auch der richtige Erwerb, der dem Ausgeben logischerweise vorausgehen muss.

Beim richtigen Erwerb des Geldes ist laut Wesley sowohl möglicher Schaden für sich selbst als auch für seinen Nächsten zu bedenken. So dürfe man auf keinen Fall einer Erwerbstätigkeit nachgehen, durch die man an Körper oder Geist Schaden nehme. Als wäre es einem modernen Gesundheitsratgeber entnommen, warnt Wesley beispielsweise Mitte des 18. Jahrhunderts vor einer reinen Schreibtischtätigkeit, da das lange Sitzen ungesund sei. Ebenfalls erstaunlich modern mutet Wesley individualistische Behandlung des Themas an. So mahnt er seine Zuhörer, genau darauf zu achten, was für sie selbst schädlich sei, denn ein und dieselbe Tätigkeit könne für einen Menschen problemlos ausführbar, für den anderen jedoch gefährlich sein. Als Beispiel spricht er über sich selbst: „So bin ich nach vielen Versuchen überzeugt, dass ich weder Mathematik noch Arithmetik oder Algebra in irgendeiner profunden Weise studieren könnte, ohne Deist, wenn nicht gar Atheist, zu werden. Und doch können andere diese Fächer ihr Leben lang studieren, ohne irgendeine Beeinträchtigung zu erleiden. Deshalb kann hier keiner für einen anderen entscheiden, sondern jeder muss für sich selbst urteilen und auf alles verzichten, was er persönlich für seine Seele als schädlich empfindet."

Natürlich dürfe man, so Wesley, beim Gelderwerb ebenso wenig seinen Nächsten schädigen. Er mahnt beispielsweise: „Es ist mit der brüderlichen Liebe nicht vereinbar, unsere Waren unter dem Marktpreis zu verkaufen. Wir können es nicht darauf anlegen, das Gewerbe unseres Nächsten zu ruinieren, um unser eigenes voranzubringen.“ Hier hat Wesley präzise das Phänomen des Dumpings beschrieben und erweist sich damit erneut als hellsichtiger Interpret wirtschaftlicher Zusammenhänge. Heutzutage ruft dieses Vorgehen, insbesondere im Zusammenhang mit Agrarprodukten (sog. ‚Agrardumping'), Kritik hervor, da die Gefahr besteht, dass durch subventionierte Agrargüter aus den Industrieländern, die auf dem Weltmarkt zu niedrigen Preisen angeboten werden, die Landwirtschaft der Entwicklungsländer unterminiert wird. Besonders hart geht Wesley allerdings mit den Vertreibern von Alkohol ins Gericht: „Massenweise ermorden sie die Untertanen Seiner Majestät, und in ihren Augen ist weder Mitleid noch Gnade. Sie treiben sie in die Hölle wie Schafe. Und was ist ihr Gewinn? Ist es nicht das Blut dieser Menschen?“ Diese Verurteilung mag uns heute unangemessen hart erscheinen, aber sie erinnert doch daran, dass jeder Produzent für die Auswirkungen seines Produkts mitverantwortlich ist. So zählt auch heute die Herstellung von Alkohol, Rüstungsgütern oder Glücksspiel zu den Ausschlusskriterien nachhaltig operierender Finanzanbieter.

Wesleys Forderungen, die hier nur im Ansatz wiedergegeben werden konnten, sind lediglich ein Beispiel christlichen Umgangs mit Geld. Ob man ihnen in jedem einzelnen Punkt zustimmen muss, mag dahingestellt bleiben, aber sie zeigen, dass sich christliche Ethik, insbesondere in komplexen Fragen der Wirtschaft, nicht von Ideologie, Propaganda oder einfachem Schwarz-Weiß-Denken beeinflussen lässt.

In der Welt der Sternenkriege hingegen ist es leider genau so. Die Jedi leben in Armut, sämtliche Vertreter der Wirtschaft sind böse. Ein ausgewogener und verantwortungsvoller Umgang mit Geld lässt sich aus diesen Filmen also nicht erlernen. Aber vielleicht ist bereits diese Erkenntnis Gold wert.

Kapitel II

„ABHÄNGIGKEIT IST VERBOTEN“

DAS LEBEN DER HEILIGEN

Als Dozent hat man oft mit der Unaufmerksamkeit seiner Studenten zu kämpfen. Eine immer wieder zu hörende Frage lautet: „Was hat das denn konkret mit meinem Leben zu tun?“ Komischerweise sind diese Frage sowie die dazugehörige Unaufmerksamkeit oft sofort verflogen, sobald man im Kontext seines Unterrichts über Star Wars spricht. Offenbar gehört die Bekämpfung des Imperiums mit Raumschiff und Lichtschwert zu den fest verankerten Zukunftsplänen meiner Studenten.

Wie wird man denn nun eigentlich ein Jedi? Bereits in Kapitel V haben wir festgestellt, dass der entscheidende Faktor hierfür außerhalb des eigenen Einflussbereichs liegt. Alles beginnt mit dem, was der amerikanische Großinvestor Warren Buffet die „Ovarian Lottery“ (Eizellenlotterie) nennt. Ob man einen Zugang zur Macht hat oder nicht, hängt einzig und allein von den Midi-Chlorianern ab, die man entweder in seinem Blut hat oder nicht. Somit ist der

Weg ins Jeditum einem Großteil der Bevölkerung von vorneherein verwehrt. Gibt es weitere Einschränkungen? Das Geschlecht spielt keine Rolle, dem Orden gehören sowohl Männer als auch Frauen an. Das Alter hingegen scheint von enormer Wichtigkeit zu sein. Mehrmals hören wir in den Filmen das Argument, jemand sei zu alt, um das Jeditraining zu beginnen. In Episode V weigert sich Yoda anfangs, den 22-jährigen Luke Skywalker auszubilden, da dieser angeblich zu alt sei, und dasselbe Argument muss sich dessen Vater in Episode I anhören, obwohl er gerade mal 9 Jahre alt ist. (Sämtliche Altersangaben in diesem Buch folgen der Zeitrechnung in imperialen Standardjahren – am besten gar nicht erst drüber nachdenken!) Allerdings ist im letzteren Fall nicht völlig klar, ob dies vielleicht nur ein Vorwand des Jedirates ist, der die Ausbildung des jungen Skywalker als eine große Gefahr ansieht. Ebenso darf man übrigens daran zweifeln, ob Yoda wirklich je ernsthaft in Erwägung gezogen hat, Luke nicht auszubilden, betrachtet er ihn doch (gemeinsam mit seiner gleichaltrigen Schwester) als die letzte Hoffnung der Galaxis.

Warum das Alter eine derart große Rolle für die Jediausbildung spielen soll, bleibt ohnehin unklar. Gilt hier etwa das Prinzip „Was Hänschen nicht lernt, lernt Hans nimmermehr“? Kommt es nicht vielmehr darauf an, wie stark jemand in der Macht ist? Darüber hinaus gibt es viele unterschiedliche Spezies im Star-Wars-Universum, von denen einige bekanntlich über 900 Jahre alt werden. Gelten für alle diese Wesen etwa dieselben Eintrittsregeln beim Alter? Gesundheitliche Voraussetzungen gibt es für einen Jedi jedenfalls nicht. Für den Lichtschwertkampf scheint keine große körperliche Begabung nötig zu sein, denn selbst Yoda, der sich für gewöhnlich nur mit Hilfe eines Gehstocks fortbewegen kann, ist hier zu atemberaubenden akrobatischen Aktionen in der Lage.

Für den vollständigen Zugang zur Macht ist aber, neben den bereits erwähnten Midi-Chlorianern, vor allem auch ein tiefer Glaube notwendig. Dies erleben wir bei Lukes gescheitertem Versuch, seinen X-Flügler mithilfe der Macht aus dem Sumpf auf Dagoba zu retten. Er hält so etwas für unmöglich und gibt dies Yoda auch deutlich zu verstehen. Als der weise Jedimeister dann anschließend demonstriert, dass eine solche Aufgabe sehr wohl zu bewältigen ist, kann Luke nur bekennen: „Das glaube ich einfach nicht." Yoda erwidert: „Darum versagst Du." Der bibeltreue Zuschauer wird sich hier an die Worte Jesu erinnert fühlen, der seinen Jüngern eine ähnliche Lektion mit auf den Weg gibt: „Wahrlich, ich sage euch: Wer zu diesem Berge spräche: Heb dich und wirf dich ins Meer!, und zweifelte nicht in seinem Herzen, sondern glaubte, dass geschehen würde, was er sagt, so wird's ihm geschehen." Bedauerlicherweise hat Jesus jedoch im Gegensatz zu Yoda darauf verzichtet, die Wahrheit dieser Aussage auch tatsächlich zu demonstrieren. Honi soit qui mal y pense ...

Die Jedi jedenfalls erweisen sich durch die Betonung des Glaubens als echte Erben der Reformation. Denn es war die entscheidende Erkenntnis von Luther, Zwingli und Co., dass der Glaube allein Ausschlag über die Erlösung des Menschen gibt. Für Martin Luther entschied der Glaube darüber, ob man das Abendmahl zum Heil oder zum Gericht empfängt. Bei Yoda entscheidet der Glaube darüber, ob man große Raumschiffe bewegen kann. Zugegeben, es ist schon ein wenig einfacher, an Dinge zu glauben, die man sehen kann. Kann man hier eigentlich überhaupt noch von Glauben sprechen? „Es ist aber der Glaube eine feste Zuversicht dessen, was man hofft, und ein Nichtzweifeln an dem, was man nicht sieht“, heißt es im Hebräerbrief. Die Jedi sind Lichtjahre von einem solchen Glaubensverständnis entfernt.

Ist es aber überhaupt erstrebenswert, ein Jedi zu werden? Zunächst einmal ist es eine lebenslange Verpflichtung. Soweit wir wissen, ist keine Möglichkeit vorgesehen, den Orden nach Eintritt jemals wieder zu verlassen, und in den vielen Jahrtausenden seines Bestehens sind nur 20 Jedi diesen Schritt gegangen. Hierbei handelt es sich um die „Verlorenen Zwanzig“, die ursprünglich in einer Szene in Episode II Erwähnung finden sollten, doch wurde die Szene schließlich wieder gestrichen (im „Expanded Universe“ taucht dieser Begriff allerdings mehrfach auf). Graf Dooku war nach dieser Zählung der zwanzigste verlorene Jedi, Anakin Skywalker also der einundzwanzigste. Nicht ohne Grund warnt Qi-Gon Jinn den übereifrigen Skywalker: „Anakin, die Ausbildung zu einem Jedi ist eine große Herausforderung, und selbst wenn du Erfolg hast, ist es ein hartes Leben.“ Aber der kleine Ani lässt sich nicht davon abbringen: „Davon habe ich immer geträumt!“ Vermutlich träumt der Junge vor allem von Abenteuern und großen Taten. Aber danach verlangt es einen Jedi nicht, wie Yoda später Anakins Sohn beibringen wird. Luke ist zwar nicht als Sklave aufgewachsen, doch auch er sehnte sich danach, seinem eintönigen Leben als Bauer auf Tatooine zu entfliehen, und war deshalb nie so wirklich bei der Sache, wofür er von Yoda auch scharf gerügt wird: „Zutiefst verpflichtet fühlen muss ein Jedi sich. Muss erfüllt sein von tiefem Ernst." Deshalb ist der spielerische Umgang mit der Macht unter Jedi verpönt, wie Anakin zerknirscht gegenüber Padmé einräumen muss. Das Leben eines Jedi ist also nicht nur eitel Lachen und Sonnenschein.

Es ist außerdem auch mit erheblichen Opfern verbunden. Zwei konkrete Vorschriften hören wir aus dem Munde Anakin Skywalkers, als Padmé ihn fragt, ob es für einen Jedi verboten sei, zu lieben. Dieser antwortet: „Abhängigkeit ist verboten, Besitz ist verboten. Mitgefühl, welches ich als bedingungslose Liebe definieren würde, ist das Wesentlichste im Leben eines Jedi. Man könnte also sagen, dass wir zur Liebe ermutigt werden." In Kapitel V haben wir allerdings bereits festgestellt, dass Anakin diesem hehren Ideal der Liebe nicht gerecht wird. Seine Liebe zu Padmé ist genau durch jene Abhängigkeit definiert („Ich kann ohne sie nicht leben!"), die ihm als Jedi verboten ist. Um ebendiese Abhängigkeit zu überwinden, verpflichten sich Jedi zu einem Leben in Ehe- und Besitzlosigkeit. Wenn wir jetzt noch annehmen dürfen, dass Jedi auch zum Gehorsam gegenüber dem Orden verpflichtet sind, haben wir genau jene drei Gelübde beisammen, die man im Christentum als die ‚evangelischen Räte' bezeichnet.

Der Begriff hat nichts mit der Konfessionsbezeichnung ‚evangelisch' zu tun, sondern leitet sich einfach von dem Begriff ‚Evangelium' ab – ironischerweise wie die Konfessionsbezeichnung auch. Jedenfalls handelt es sich bei den Gelübden der Armut, der Keuschheit und des Gehorsams um die verpflichtenden Prinzipien kirchlicher Ordensleute. Was die Keuschheit betrifft, so ist allerdings nicht ganz klar, ob diese für die Jedi wirklich verbindlich ist. Deutlicher ausgedrückt: Dürfen Jedi Sex haben? Tatsächlich wurde diese Frage unter den Fans so erregt diskutiert, dass sich George Lucas zu einer offiziellen Stellungnahme genötigt sah. Seine Antwort: „Ja, Jedi leben nicht zölibatär. Nur Abhängigkeiten und besitzergreifende Verhältnisse sind verboten." So, nun wäre also auch dieses große Geheimnis endlich gelüftet.

Dennoch umgibt die Jedi ein gewisser Hauch von Erhabenheit über körperliche Bedürfnisse. Sagt nicht Yoda sogar: „Erleuchtete Wesen sind wir, nicht diese rohe Materie." In dieser Einstellung steckt schon beinahe ein gnostischer Zug. Die Gnosis war eine heterogene Bewegung im frühen Christentum (aber auch in anderen Religionen), die sich unter anderem durch eine Ablehnung aller Körperlichkeit, ja, fast einen gewissen Ekel vor ihr, auszeichnete. Die Welt war für sie das Produkt eines unfähigen oder gar böswilligen Schöpfergottes, ihre eigenen Körper erlebten sie als etwas Fremdes. Erlösung konnte ein Gnostiker nur durch die Erkenntnis (griechisch: Gnosis) erfahren, dass der göttliche Lichtfunke in ihm ist. Der Satz „Erleuchtete Wesen sind wir, nicht diese rohe Materie" könnte also ebenso gut von einem früchristlichen Gnostiker wie Valentinus oder Ptolemäus gesprochen worden sein. Den Leib Christi hielten diese Männer ebenfalls für eine Illusion, da sich der oberste und vollkommene Gott, der keineswegs identisch mit dem Weltschöpfer ist, niemals mit der verkommenen Materie verbinden würde. Für die Gruppe der Marcioniten galt ein zölibatäres Leben sogar für alle Mitglieder als verpflichtend – was ein Grund dafür sein dürfte, dass sie nicht überlebt hat. Die Kirche lehnte diese Bewegungen als häretisch ab und betonte mit Nachdruck die Bedeutung der Leiblichkeit für den christlichen Glauben bis hin zur leiblichen Auferstehung. Leider ist die Kirche im Nachhinein oft von diesen frühen Tugenden abgewichen und hat sich selbst auf den Pfad der Leibfeindlichkeit begeben.

Was nun die evangelischen Räte angeht, so wurden diese in der kirchlichen Tradition ganz bewusst als *Räte* (im Sinne von Ratschlägen) bezeichnet, um sie von den *Geboten* abzugrenzen. Die Gebote Gottes, allen voran das Hauptgebot der Gottes- und Nächstenliebe, haben verbindlichen Charakter für alle Christen, während die Räte nur für jene wenigen Geltung haben, die nach der Vollkommenheit streben, konkret gesprochen, für Ordensmitglieder. Aus dieser Unterscheidung entwickelte sich dann eine Zwei-Stufen-Ethik, die durchaus auch eschatologische Auswirkungen hatte. Im Mittelalter war die Auffassung verbreitet, dass die Mönche, die sich auf einer höheren ethischen Stufe befanden, bessere Chancen hatten, nach dem Tod ins Himmelreich zu gelangen. Auch Martin Luther war einst davon überzeugt: „Es ist wahr, ich bin ein frommer Mönch gewesen und habe meinen Orden so streng gehalten, dass ich sagen darf: Ist je ein Mönch in den Himmel gekommen durch Möncherei, so wollt ich auch hineingekommen sein. Das werden mir alle meine Klostergesellen, die mich gekannt haben, bezeugen. Denn ich hätte mich, wenn es noch länger gewährt hätte, zu Tode gemartert mit Wachen, Beten, Lesen und anderer Arbeit." Später wandte er sich der große Reformator allerdings gegen diese Form der Leistungsgerechtigkeit und erkannte, dass allein der Glaube den Menschen vor Gott gerecht machen könne. Seither lehnt die evangelische Christenheit die sogenannte Zwei-Stufen-Ethik nachdrücklich ab.

Doch auch in der katholischen Kirche hängen längst nicht mehr alle diesem Modell an, auch nicht unter den Ordensleuten. Der Karmelitermönch Reinhard Körner etwa hält die ethische Zweiteilung zwischen Geboten und Räten und somit zwischen Laienchristen und Ordensleuten für fragwürdig: „Was die geistliche Tradition der Kirche Armut und Gehorsam nennt – und Gleiches gilt für die Jungfräulichkeit –, sind in der Bibel, wie sich bei näherer Betrachtung [...] zeigen wird, nicht bloße Empfehlungen; sie sind eher ‚Gebot' als Rat. Und zwar für *jeden* Menschen, der mit Jesus unterwegs sein will." Körner möchte den Menschen in seinem Buch *Himmelreich leben* (2015) nicht von spezifischen Ordensgelübden erzählen, sondern von den „drei Glaubenshaltungen und Lebenseinstellungen, die Jesus allen ans Herz gelegt hat, die nach seinem Evangelium leben wollen: nicht von der Ehelosigkeit also, die immer die Berufung einiger Christen war und sein wird, sondern von der Haltung, die mit der Bibel Jungfräulichkeit genannt wird und weit mehr und viel Tieferes meint als unverheiratet sein und enthaltsam leben; nicht von der Besitzlosigkeit und Gütergemeinschaft, wie sie in den Orden gelebt wird, sondern von der Armut im Heiligen Geist, die ein verheirateter Thomas Morus zum Beispiel, einer der bestsituierten Männer seiner Zeit, genauso überzeugt und überzeugend lebte wie der ehelose und buchstäblich arm gewordene Franz von Assisi; nicht vom Gehorsam im Rahmen des Gemeindelebens in den Orden, sondern von der Ge-*Hör*-samkeit Gott und den Mitmenschen gegenüber, wie sie Jesus selbst und viele biblischen Menschen uns vorgelebt haben."

Bei den Jedi kann von einer wie auch immer gearteten Zwei-Stufen-Ethik allerdings nicht die Rede sein. Von allgemeinen Geboten für alle Lebewesen hören wir während der gesamten Filmreihe nie etwas, es geht immer nur um konkrete ethische Vorschriften für Mitglieder des Ordens. Predigermönche, wie etwa die Dominikaner, sind die Jedi auch nicht. Die Belehrung oder Besserung der Massen scheint nicht ihr oberstes Interesse zu sein. Bewahrheitet sich hier am Ende die Aussage Palpatines? Als er mit Anakin über die Dunkle Seite der Macht spricht, bemerkt dieser, dass die Sith immer nur an sich selbst denken, woraufhin Palpatine erwidert: „Und tun das die Jedi etwa nicht?"

Es muss außerdem festgehalten werden, dass die Jedi in der Praxis zuweilen durchaus hinter ihren hohen Ansprüchen zurückbleiben. So hat Qui-Gon Jinn beispielsweise keinerlei Hemmungen, den Schrotthändler Watto mithilfe der Macht übers Ohr zu hauen, und zwar gleich zweimal. Zuerst will Qui-Gon ihm eine für ihn wertlose Währung andrehen, um an die nötigen Ersatzteile für sein Schiff zu kommen – was allerdings fehlschlägt, da Watto gegenüber den Gedankentricks der Jedi immun ist (siehe Kapitel I). Danach nutzt Qui-Gon die Macht, um das Ergebnis eines Würfelwurfs zu beeinflussen, diesmal mit Erfolg. Nun mag der Jedimeister in beiden Fällen rechtschaffene Ziele gehabt haben, aber heiligt der Zweck wirklich die Mittel? Watto mag nicht der sympathischste Zeitgenosse im Universum sein, aber hat er es deshalb verdient, betrogen zu werden?

Abgesehen von solchen, möglicherweise noch nachvollziehbaren Vergehen zeigen die Jedi aber auch eine andere große Charakterschwäche: Sie schmeißen alles hin, sobald etwas schiefgeht! Obi-Wan und Yoda ziehen sich jeweils nach einer persönlichen Niederlage als Einsiedler auf entlegene Planeten zurück, und zwar „so lange, bis die Zeit reif ist". Warum die Zeit für einen Gegenschlag erst zwanzig Jahre später reif sein soll, als sich das Imperium bereits die gesamte Galaxis untertan gemacht hat, weiß wohl nur Yoda höchstpersönlich. Außerdem ist ja in Episode VIII offenbar geworden, dass Jedi aus dem Jenseits heraus nicht nur erscheinen, sondern auch noch mithilfe der Macht operieren können. Warum also erscheinen Obi-Wan und Yoda nicht einfach selbst im Thronsaal des Imperators und kümmern sich um ihn? Leider folgt auch Luke Skywalker dieser Jedi-Tradition, denn nachdem er es nicht geschafft hat, Ben Solo zu einem Jedi auszubilden, zieht auch er sich auf eine einsame Insel zurück, und zwar ohne das Vorhaben, je wieder zurückzukehren – was ihn natürlich nicht davon abhält, vorher noch eine Karte mit seinem genauen Aufenthaltsort anzufertigen, damit ihn auch wirklich bloß niemand finden kann!

Neben gewissen ethischen Schwächen, die ja durchaus auch bei christlichen Mönchen vorkommen sollen, wollen wir aber nun auch die erheblichen Unterschiede zwischen beiden Gruppierungen betrachten. Zwar verlangen beide ihren Mitgliedern enorme Zugeständnisse ab, aber irgendwie scheint die Laufbahn eines Jedi doch attraktiver zu sein als die eines Franziskaners. Das wird zum einen damit zusammenhängen, dass der Jediorden im Austausch für die Entbehrungen, die er einfordert, auch eine Menge zu bieten hat. Wer möchte nicht Gedanken kontrollieren und Dinge telekinetisch bewegen können? Nun gut, der Kriegsdienst gehört auch dazu. Aber wenn man nicht gerade das Pech hat, Befehl 66 ausgeliefert zu sein, stehen die Überlebenschancen doch eigentlich recht gut. Der junge Anakin Skywalker versteift sich sogar zu der Aussage: „Niemand kann einen Jedi töten“ – na ja, er muss es ja wissen ... Aber selbst wenn ein Jedi dann doch mal den Tod erleiden muss, so winkt ja das Weiterleben als blau ummantelter Geist.

Dennoch ist der militärische Einsatz der Jedi einer der wohl größten Unterschiede zu den christlichen Mönchen, die nie für derartige Tätigkeiten herangezogen werden. Hier ähneln die Jedi eher den japanischen Sōhei, einem Orden buddhistischer Kriegermönche zu Zeiten des feudalen Japan, wie ja auch die Lichtschwertkämpfe mehr mit dem japanischen Kendo gemein haben als mit der europäischen Fechtkunst. Die Sōhei hatten, ähnlich wie die Jedi, durchaus politische Macht und befanden sich nicht selten in Fehden mit den weltlichen Herrschern. Einer der berühmtesten Kriegermönche war Benkei, der bis heute fest in der Kultur des Landes verankert ist. Obwohl diese Figur wohl eine historische Grundlage besitzt, ähneln seine Darstellungen in der japanischen Folklore eher denen des griechischen Achill oder des germanischen Siegfried. Legendär ist vor allem sein Tod, den er stehend und von Pfeilen durchbohrt erlitten haben soll. Sprichwörtlich ist auch Benkeis schwacher Punkt (sein Schienbein), vergleichbar der berühmten Achillesferse oder der verwundbaren Stelle Siegfrieds.

Im europäischen Kontext wären die Jedi am ehesten mit den aus der Zeit der Kreuzzüge stammenden geistlichen Ritterorden verwandt, die ebenfalls ritterliche Kampfkraft mit mönchischer Askese verbanden. Nach der Eroberung Jerusalems im Ersten Kreuzzug gründete sich dort 1118 der Orden der Tempelritter. Er war eine überwiegend militärische Organisation, die für die Verteidigung der Kreuzfahrerstaaten große Bedeutung gewann. Da er sich jedoch auch in Westeuropa zu einem politischen Machtfaktor entwickelte, wurde der Orden nach dem Ende der Kreuzzüge durch den französischen König massiv bekämpft und schließlich durch den Papst aufgelöst. Der Johanniterorden, der etwa zur selben Zeit wie der Templerorden entstand, machte sich in erster Linie die Betreuung kranker und verletzter Pilger zur Aufgabe. Da er seine Zentrale 1530 nach Malta verlegte, wird der Orden auch Malteserorden genannt, während sich die heutige Bezeichnung Johanniterorden meist auf den evangelischen Zweig des Ordens bezieht, der im 19. Jahrhundert in Preußen ins Leben gerufen wurde. Beide Orden bestehen bis heute fort. Der Zisterziensermönch Bernard von Clairvaux (1090-1153) hielt seinerzeit eine beeindruckende Lobrede auf diese neuen Ritter: „Es handelt sich, sage ich, um ein neues, der Welt noch unbekanntes Rittertum, das einen zweifachen Kampf zugleich unermüdlich kämpft, nämlich den gegen Fleisch und Blut und den gegen die bösen Geister des himmlischen Bereiches. Wenn man nur mit Körperkraft einem körperlichen Feind Widerstand leistet, so sehe ich das allerdings weder als wunderbar an, noch halte ich es für eine Seltenheit. Aber auch dann, wenn man in tapferer Gesinnung den Lastern und Dämonen den Krieg erklärt, scheint mir das nicht so großartig zu sein, auch wenn es lobenswert ist, denn man sieht ja, dass die Welt voll von Mönchen ist. Aber wenn beide Menschen in einer Person, ein jeder sich kraftvoll mit dem Schwert umgürtet, sich ehrenvoll durch sein Zingulum auszeichnet, wer würde einen solchen nicht aller Bewunderung für höchst würdig erachten, zumal es sich ja um Außergewöhnliches handelt? Ein solcher ist jedenfalls ein unerschrockener Ritter, allenthalben gefeit; er umgibt seinen Leib mit dem Panzer aus Eisen, seine Seele aber mit dem des Glaubens.“

Kommen wir nun aber zurück zu den offensichtlichen Vorteilen des Jeditums. Zweifellos verleiht der Stand eines Jedi einen gehobenen gesellschaftlichen Status, der auch mit politischem Einfluss verbunden ist. Dies war bei den mittelalterlichen Mönchsorden einst auch der Fall, hat aber beträchtlich nachgelassen. Ihr weltlicher Einfluss war zu früheren Zeiten enorm, nicht selten gaben wohlhabende Eltern ihre Söhne in die Obhut eines Ordens mit der Hoffnung, dass er eine gewisse ‚Karriere' macht. Waren solche Motive von jeher der falsche Grund, sich einem Mönchsorden anzuschließen, so wären sie heutzutage zusätzlich grotesk. Mönche mögen nach wie vor einen gewissen gesellschaftlichen Respekt genießen, von gesellschaftlichem Einfluss hingegen sind sie meilenweit entfernt.

Nicht zuletzt winkt den Jedi natürlich die Unsterblichkeit, inklusive Rückkehr in das Leben der Sterblichen. Wie dies genau vonstatten geht, bleibt allerdings unklar. In Episode III berichtet Yoda Obi-Wan Kenobi, dass dessen alter Meister aus der „Unterwelt der Macht" zurückgekehrt sei auf den „Pfad der Unsterblichkeit". Diese ominöse Unterwelt scheint also der Ort zu sein, an den Jedi (oder alle?) nach ihrem Tod gelangen, wobei einigen der Weg zurück in das Diesseits gelingt. Was genau man hierfür tun muss, wird nie erwähnt. Obi-Wan und Yoda haben es jedenfalls geschafft. Obi-Wans Geist hören wir bereits am Ende von Episode IV, wir sehen ihn in Episode V und schließlich zum Finale von Episode VI gemeinsam mit Yoda und Anakin Skywalker. Bei Letzterem hat George Lucas übrigens zu einem interessanten Trick gegriffen. In der ursprünglichen Fassung sieht man am Ende des Films den britischen Schauspieler Sebastian Shaw (1905-1994) als Macht-Geist neben Yoda und Obi-Wan erscheinen, der auch zuvor unter der Maske Darth Vaders zum Vorschein gekommen war, obwohl während des Films der Bodybuilder David Prowse in dessen Anzug steckte. Lucas ließ diese Szene, wie viele andere auch, nachträglich überarbeiten, sodass man in der aktuellen Version Hayden Christensen anstelle von Shaw erblickt. Was filmtechnisch konsequent sein mag, wirft eine brennende theologische Frage auf: Wieso erscheinen Yoda und Obi-Wan nach ihrem Tod genau in der Gestalt, die sie kurz vor ihrem Tod hatten, während Anakin plötzlich wieder um mehr als zwanzig Jahre verjüngt ist?

„Das unentdeckte Land, von des Bezirk kein Wandrer wiederkehrt" – so beschreibt Shakespeares Hamlet überaus treffend den Tod. Gerade weil aus dem Reich des Todes (außer einem) noch nie jemand zurückgekehrt ist, ist es über die Maßen schwierig, um nicht zu sagen unmöglich, über dieses unentdeckte Land irgendeine verlässliche Aussage zu treffen. Bedauerlicherweise fühlen sich viele Theologen gerade durch diesen Umstand in ihrer Kreativität auf besondere Weise herausgefordert. Vor allem das 20. Jahrhundert erlebte eine neu entflammte Debatte über das Weiterleben im Jenseits. Karl Barth (1886-1968), der wohl bedeutendste evangelische Theologe jener Epoche, vertrat die sogenannte „Ganztodtheorie", der zufolge der ganze Mensch (mit Leib und Seele) im Tod stirbt und bei der Auferstehung vollständig neu geschafften wird. Die Unsterblichkeit der Seele, die lange Zeit fest in der christlichen Theologie verankert war, wird somit verworfen. Theologen wie Barth sehen ein derartiges Konzept in der Heiligen Schrift nicht belegt und lehnen es daher ab. Tatsächlich handelt es sich dabei um ein Element platonischer Anthropologie. Evangelische Theologen haben derartige Einflüsse seit jeher eher als Unterwanderung denn als Bereicherung betrachtet, und Karl Barth war einer der feurigsten Vertreter einer Reinigung der Offenbarungswahrheit von allen verfälschenden Zusätzen. Für Barth und andere Vertreter der Ganztodtheorie muss aus christlicher Sicht daran festgehalten werden, dass der Tod den Tod des ganzen Menschen bedeutet und dass es keine unsterbliche Seele gibt, die aufgrund ihrer Natur den Tod überdauert.

Die katholische Kirche reagierte ihrerseits auf diesen neuen Trend und bekannte in einem von der Glaubenskongregation verfassten Schreiben aus dem Jahre 1979: „Die Kirche hält an der Fortdauer und Subsistenz eines geistigen Elementes nach dem Tode fest, das mit Bewusstsein und Willen ausgestattet ist, sodass das ‚Ich des Menschen' weiterbesteht, wobei es freilich in der Zwischenzeit seiner vollen Körperlichkeit entbehrt. Um dieses Element zu bezeichnen, verwendet die Kirche den Ausdruck ‚Seele', der durch den Gebrauch in der Heiligen Schrift und in der Tradition sich fest eingebürgert hat. Obwohl sie nicht übersieht, dass dieser Ausdruck in der Heiligen Schrift verschiedene Bedeutungen hat, ist sie doch der Auffassung, dass es keinen stichhaltigen Grund dafür gibt, ihn abzulehnen, zumal ja irgendein sprachlicher Ausdruck zur Stütze des Glaubens der Christen einfach notwendig ist."

Das Hauptproblem der „Ganztodtheorie" besteht darin, dass sie wenig Trost für die Hinterbliebenen schafft. Der Mann, der seine Frau verliert, der Sohn, der seinen Vater verliert, die Mutter, die ihre Tochter verliert – sie alle trösten sich gerne mit der Vorstellung, diese so schrecklich vermissten Menschen eines Tages wiederzusehen. Aber natürlich möchte man sie so wiedersehen, wie man sie in Erinnerung hat. George Lucas kommt diesem Wunsch entgegen, indem er die verstorbenen Jedi in eben dieser Gestalt erscheinen lässt. Bei Anakin ist es hingegen anders, er erhält eine gewaltige Verjüngungskur. Im Grunde muss man sich wundern, dass Luke seinen Vater überhaupt erkennt, denn er hat ihn so ja noch nie gesehen.

Die Macht erlaubt den Jedi also den Zugang zum ewigen Leben. Aber wie lebt es sich denn so mit der Macht im Diesseits? In Episode IV gibt Obi-Wan auf diese Frage eine leicht kryptische Antwort. Als Luke ihn fragt, ob die Macht sein Handeln beherrsche, antwortet er: „Teilweise. Aber sie gehorcht auch deinen Befehlen." Wie um alles in der Welt hat man sich das nun vorzustellen? Wie kann es sein, dass die Macht mal mein williges Werkzeug ist, dann aber wieder mein Herr und Gebieter? Und wonach entscheidet sich, was sie in welchem Augenblick gerade ist? Der amerikanische Schriftsteller Ian Doescher, der die Star-Wars-Filme auf überaus geistreiche Weise in Shakespeare-Stücke umwandelte, lässt Luke Skywalker daher auch folgende Verse vortragen:

Die Macht ist seltsam, unverständlich auch!
Sie herrscht und sie gehorcht – und das zugleich.
Sowohl in mir als außerhalb ist sie.
Welch Paradox! Welch flatterhafte Kraft!

Auch das Christentum kennt den Konflikt zwischen Gottes Allmacht einerseits und der menschlichen Freiheit andererseits. Der Kirchenvater Augustinus brachte es auf die Formel: „Bete, als hinge alles von Gott ab. Handle, als hinge alles von dir ab." Ja, welch Paradox fürwahr!

Damit sind wir schließlich bei der Erkenntnistheorie gelandet, und gerade hier haben die Jedi einige höchst faszinierende Positionen. Sie sind durch und durch Sophisten. Diese antiken Philosophen und häufigen Gegenspieler des Sokrates waren davon überzeugt, dass der Mensch die Dinge nicht in ihrem An-Sich erkennt, sondern sie vielmehr nur so sind, wie sie ihm erscheinen. Objektive Wahrheiten oder Tatsachen könne es also nicht geben. Der Sophist Protagoras brachte diese Einstellung auf die Formel: „Wie alles Einzelne mir erscheint, so ist es für mich, wie dir, so ist es für dich." In religiöser Hinsicht vertrat er entsprechend eine agnostische Position: „Was die Götter angeht, so ist es mir unmöglich, zu wissen, ob sie existieren oder nicht, noch, was ihre Gestalt sei. Die Kräfte, die mich hindern, es zu wissen, sind zahlreich, und auch die Frage ist verworren und das menschliche Leben kurz." Sein Kollege Gorgias ging noch einen großen Schritt weiter: „Erstens: es gibt nichts; zweitens: wenn es auch etwas gäbe, wäre es doch für den Menschen unerkennbar; drittens: wenn es auch erkennbar wäre, wäre es doch unseren Mitmenschen nicht mitteilbar und nicht verständlich zu machen." Hier haben wir es also mit einem totalen Nihilismus zu tun.

Wenngleich sie vielleicht nicht zu derartigen Extremen tendieren, zeigen die Jedi doch auffällige Parallelen zur sophistischen Erkenntnislehre. Obi-Wan belehrt Luke, „dass viele Wahrheiten, an die wir uns klammern, von unserem persönlichen Standpunkt abhängig sind". Allerdings ist dies leider nicht viel mehr als eine Ausrede dafür, dass er Luke nicht die (ganze) Wahrheit über dessen Vater gesagt hat. Warum gibt er nicht einfach zu, dass er Luke durch diese kleine Notlüge schützen wollte? Vielleicht hat er diese Taktik von seinem Meister übernommen. Denn auch Qui-Gon Jinn greift zu dieser Aussage, wenn er sich kritisiert fühlt. Obi-Wan möchte ihn vor Anakin warnen. Als dieser unwirsch reagiert, verteidigt sich Obi-Wan: „Es ist keine Respektlosigkeit, Meister. Es ist die Wahrheit." Woraufhin Qui-Gon entgegnet: „Von deinem Standpunkt aus." Dieser Spruch scheint eine Art Totschlagargument der Jedi zu sein. Hätte er mal lieber auf seinen jungen Padawan gehört ...

Leider scheint aber auch Obi-Wan diese Sichtweise an seinen Schüler weitergegeben zu haben, was letztlich zu dessen Hinwendung zur Dunklen Seite beiträgt. Als er sich mit Kanzler Palpatine über die Unterschiede zwischen Jedi und Sith unterhält (siehe oben), argumentiert er, dass die Jedi sich stets für das Gute einsetzen. Doch sein Mentor erwidert nur: „Das gute hängt vom Blickwinkel des Betrachters ab." Am Ende des Films ist Anakin dann endgültig auf dem Pfad den Subjektivismus gelandet. Obi-Wan möchte ihn vor Palpatine warnen, den er als „das Böse" bezeichnet, woraufhin Anakin erklärt: „Nach meiner Meinung sind die Jedi das Böse." (Im Original benutzen übrigens sowohl Palpatine als auch Anakin an diesen Stellen den Begriff „point of view" [Standpunkt], also exakt denselben Begriff, den wir aus den früheren Filmen kennen und der ein Schlüsselbegriff der Jedi-Lehre zu sein scheint, was leider in der deutschen Übersetzung verlorengeht.) Vielleicht war es aber auch bereits Qui-Gon Jinn, der Anakin diesen Floh ins Ohr gesetzt hat. Denn bereits dieser gab ihm seinerzeit den Rat mit: „Deine Wahrnehmung bestimmt deine Realität."

Dieser Satz ist übrigens auch das Motto der deutschen Jedi-Orden. Bitte glauben Sie jetzt nicht, das sei ein Scherz, die gibt es wirklich. Es gibt mehrere Jedi-Orden in Deutschland, die sich unter dem Begriff Jediismus zusammenfinden, jederzeit nachzulesen auf www.jediismus.de. Wir haben in diesem Kapitel viel darüber nachgedacht, was man braucht, um ein Jedi im Star-Wars-Universum zu werden: Stärke in der Macht, Disziplin, tiefen Ernst etc. Um in unserer Welt ein Jedi zu sein, braucht man hingegen vor allem eins: zu viel Zeit.

Kapitel III

„EINE PROPHEZEIUNG, DIE MISSVERSTANDEN WORDEN SEIN KANN"

ZEICHEN UND WUNDER

Die zweifellos auffallendste Parallele zwischen dem Star-Wars-Universum und der Welt der Bibel ist die jungfräuliche Geburt Anakin Skywalkers. Als Shmi Skywalker Qui-Gon Jinn eröffnet, dass Anakin keinen biologischen Vater habe, fühlte sich wohl auch der weniger bibelfeste Zuschauer an die Geburt Jesu erinnert – und an die damit verbundene Prophezeiung. „Darum wird euch der Herr selbst ein Zeichen geben: Siehe, eine Jungfrau ist schwanger und wird einen Sohn gebären, den wird sie nennen Immanuel", spricht der Prophet Jesaja. Diese Prophezeiung wird viele Jahrhunderte später von den Anhängern Jesu auf diesen hin gedeutet. Der Erste, der diese Deutung schriftlich festhielt, war der Evangelist Matthäus: „Als Maria, seine Mutter, dem Josef vertraut war, fand es sich, ehe sie zusammenkamen, dass sie schwanger war von dem Heiligen Geist. Josef aber, ihr Mann, der fromm und gerecht war und sie nicht in Schande bringen wollte, gedachte, sie heimlich zu verlassen. Als er noch so dachte, siehe, da erschien ihm ein Engel des Herrn im Traum und sprach: Josef, du Sohn Davids, fürchte dich nicht, Maria, deine Frau, zu dir zu nehmen; denn was sie empfangen hat, das ist von dem Heiligen Geist. Und sie wird einen Sohn gebären, dem sollst du den Namen Jesus geben, denn er wird sein Volk retten von ihren Sünden. Das ist aber alles geschehen, auf dass erfüllt würde, was der Herr durch den Propheten gesagt hat, der da spricht (Jesaja 7,14): ‚Siehe, eine Jungfrau wird schwanger sein und einen Sohn gebären, und sie werden ihm den Namen Immanuel geben', das heißt übersetzt: Gott mit uns." Nota: Dass Maria ihrem Sohn den Namen Jesus gab, ist kein Widerspruch zur Prophezeiung Jesajas, das wäre wohl sonst auch Matthäus aufgefallen. Jesus trägt viele Namen bzw. Titel, wie zum Beispiel Christus (der Gesalbte) oder eben auch Immanuel (Gott mit uns).

Während die einen also Jesus als den prophezeiten Messias anerkennen, lehnen andere diese Deutung vehement ab. An diesem Punkt trennt sich die neue Bewegung der Christen von ihrer jüdischen Umwelt, aus der sie hervorgegangen ist. Warum sich nicht das ganze Volk Israel zu Jesus bekennt, ist eine Frage, die insbesondere dem Apostel Paulus an die Nieren geht. In seinem Brief an die Gemeinde in Rom schreibt er: „Ich sage die Wahrheit in Christus und lüge nicht, wie mir mein Gewissen bezeugt im Heiligen Geist, dass ich große Traurigkeit und Schmerzen ohne Unterlass in meinem Herzen habe. Denn ich wünschte, selbst verflucht und von Christus getrennt zu sein für meine Brüder, die meine Stammverwandten sind nach dem Fleisch. Sie sind Israeliten, denen die Kindschaft gehört und die Herrlichkeit und die Bundesschlüsse und das Gesetz und der Gottesdienst und die Verheißungen, denen auch die Väter gehören und aus denen Christus herkommt nach dem Fleisch." Während für uns heute die Trennung zwischen Christen und Juden in zwei unterschiedliche Religionen völlig normal ist, war es damals ein handfester Skandal, und zwar im wahrsten Sinne des Wortes. Der gekreuzigte Christus war, wie Paulus sagt, „den Juden ein Ärgernis" (griechisch: skandalon).

Viele Juden hatten sich ihren Messias ein wenig anders vorgestellt. Sie wünschten sich einen starken militärischen Führer, der ihr Land vom Joch der römischen Besatzung befreien würde. Fairerweise sei darauf hingewiesen, dass nicht wenige messianische Prophetien des Alten Testaments einen entsprechenden Klang haben. Deshalb war für viele Juden ein schmachvoll am Kreuz sterbender Mann alles andere als die Erfüllung ihrer Hoffnungen. Wie bereits in Kapitel V erwähnt, führte der Glaube an einen militärischen Messias innerhalb des Judentums auch zu konkreten militärischen Aufständen gegen das Römische Reich, die letztlich in die Zerstörung des Jerusalemer Tempels und in den Beginn der jüdischen Diaspora mündeten.

Auch bei den Jedi gibt es Streit um die richtige Interpretation einer alten Prophezeiung, der zufolge eines Tages jemand in Erscheinung treten werde, der das gestörte Gleichgewicht der

Macht wiederherstellen soll. Als Qui-Gon auf Tatooine dem machtbegabten Anakin Skywalker begegnete, nahm er an, dass dieser Junge der Auserwählte sei, und wollte ihn deshalb unbedingt zum Jedi ausbilden lassen. Yoda hingegen war skeptischer. Er hielt es zwar für möglich, dass Anakin der Auserwählte sei, wies aber auch darauf hin, dass es sich möglicherweise um eine Prophezeiung handele, „die missverstanden worden sein kann".

Um die besagte Prophezeiung des Jesaja herrscht mittlerweile nicht mehr nur zwischen Christen und Juden, sondern auch innerhalb der christlichen Gemeinde Uneinigkeit. Moderne Exegeten behaupten gerne, diese Prophezeiung sei, ähnlich wie die uralte Prophezeiung der Jedi, missverstanden worden. Es handele sich gar nicht um eine Jungfrau, sondern lediglich um eine junge Frau, die ein Kind gebären werde. Erst die griechische Übersetzung des Alten Testaments und deren Verwendung durch den Evangelisten Matthäus hätten zu dieser Umdeutung geführt. Obwohl viele Theologen dies als eine beeindruckende Erkenntnis feiern, mit dem sie gerne auf Partys ihren Bildungsgrad herausstellen, ist dieser Streit in Wahrheit so alt wie das Christentum selbst. Bereits Mitte des zweiten Jahrhunderts verfasste der christliche Theologe Justin einen Dialog mit dem Juden Tryphon, in dem über diese Frage diskutiert wurde. Justin erklärt: „Es steht nun allgemein fest, dass in dem fleischlichen Geschlechte Abrahams außer diesem unserem Christus niemals jemand aus einer Jungfrau geboren worden ist und dass man auch nur von ihm diese Behauptung aufgestellt hat. Da aber ihr und eure Lehrer sich erkühnen, zu erklären, in der Prophetie des Jesaja heiße es nicht: ‚Siehe, die Jungfrau wird empfangen', sondern: ‚Siehe, die junge Frau wird empfangen und einen Sohn gebären', und da ihr die Prophetie auf euren König Hiskia bezieht, so werde ich versuchen, durch kurze Erörterung dieser Frage gegen euch den Beweis zu erbringen, dass die Worte sich auf diesen Christus beziehen, welchen wir bekennen."

Der Theologe Klaus Berger (*1940) führt diesen ‚Beweis' wie folgt: „Im hebräischen Text ist da [bei Jesaja] die alma genannt, zu Deutsch eine junge Frau. Das kann alles heißen, auch Jungfrau. Doch man bedenke: Nach Jesaja soll das ein besonderes Zeichen Gottes sein, dass eine alma empfängt und ein Kind bekommt. Nun ist bekannt, dass über 99% aller Kinder von jungen Frauen empfangen und geboren werden. Worin soll das Besondere, das Zeichen, liegen, wenn lediglich eine junge Frau ein Kind bekommt? Das wäre kein Zeichen, sondern normal. Der Sinn dieser Schriftstelle bei Jesaia wäre damit schon nach dem hebräischen Wortlaut verpufft."

Die genaue Bedeutung des hebräischen Ursprungswortes ist für die meisten Skeptiker allerdings eher nebensächlich. Ihnen geht es ganz einfach um die biologische Unmöglichkeit einer Jungfrauengeburt. Wie lässt sich mit dieser Skepsis umgehen? Fest steht, dass Jesus selbst nie ein Wort über seine übernatürliche Geburt verloren hat. Auch der Apostel Paulus spricht niemals von einer solchen. Albert Schweitzer zog aus diesem Umstand folgende Schlussfolgerung: „Jesus hat seinen Jüngern nichts über seine Geburt und seine Abkunft erzählt – und obwohl sie nichts darüber wussten, glaubten sie doch an ihn, um seiner Rede und seiner Werke willen. So ist auch unser Glaube unabhängig von irgendeiner Vorstellung über die Abstammung und die Geburt Jesu." Tatsächlich war es das Wirken Jesu und nicht dessen Geburtsgeschichte, was Simon Petrus zu der Erkenntnis brachte: „Du bist Christus, des lebendigen Gottes Sohn!" Andererseits ist die Vorstellung von der jungfräulichen Geburt vielleicht aber auch nur die konsequente Weiterentwicklung dieser Erkenntnis. Ist es für den, der Jesus als den Sohn Gottes erkannt hat, nicht naheliegend, dass dieser auf übernatürliche Weise gezeugt worden ist?

Wenn wir diese Frage auf die Welt der Sternenkrieger übertragen, so fällt auf, dass Qui-Gon, als er den Jedirat davon zu überzeugen sucht, dass es sich bei Anakin Skywalker um den Auserwählten handele, dessen Geburt nur am Rande erwähnt. „Es ist möglich, dass er von den Midi-Chlorianern empfangen wurde", gibt Qui-Gon zu Protokoll. Es sei möglich, sicher ist er sich also keineswegs, und er bringt es auch nicht als das entscheidende Argument vor. Den Anstoß zu seiner Vermutung gab ihm eine „Vergenz" der Macht, die er bei Anakin gespürt hat. Ich habe lange versucht herauszufinden, worum genau es sich bei einer Vergenz eigentlich handelt. Aber irgendwo zwischen dem Kehrwert des Krümmungsradius einer Wellenfront und der Richtung, in der die Achsenfläche einer geneigten oder liegenden Falte aus der

Senkrechten abweicht, habe ich aufgegeben. Ich möchte auch bezweifeln, dass sich die Autoren darüber im Klaren waren. In jedem Fall handelt es sich um irgendetwas Auffälliges innerhalb der Macht, dabei wollen wir es belassen. Der kleine Anakin hatte eine besondere Wirkung auf Qui-Gon, die diesen zu weiteren Nachforschungen über dessen Herkunft motiviert hat. Für den Jedi-Meister ist es eine naheliegende Schlussfolgerung, dass ein Wesen mit einer so unglaublichen Machtfülle nicht auf natürliche Weise geboren sein kann. Vermutlich können wir uns den Prozess bei den Anhängern Jesu ebenso vorstellen. Dieser Mann hatte eine übernatürliche Wirkung auf sie, sie fühlten sich von ihm gleichsam magisch in seinen Bann gezogen. Mit dieser Wirkung beginnt das öffentliche Auftreten Jesu, nicht mit der Frage nach seiner Geburt. Diese Idee wurde erst später entwickelt. Deshalb muss sie mitnichten falsch sein, für die frühen Christen war es – wie bei Qui-Gon – eine naheliegende Schlussfolgerung, aber keineswegs der entscheidende Ausgangspunkt.

Ob sich die alttestamentliche Prophetie tatsächlich in Jesus erfüllt oder nicht, darüber kam es, wie bereits erwähnt, zum Bruch zwischen Juden und Christen. Unter den Star-Wars-Fans ist es übrigens recht ähnlich. Die einen behaupten, Anakin habe die Macht tatsächlich wieder ins Gleichgewicht gebracht, als er sich schließlich zur Hellen Seite bekehrte und gleichzeitig den Imperator tötete. Andere wiederum sehen im Wiedererstarken der Dunklen Seite nach dem Tod des Imperators ein eindeutiges Zeichen dafür, dass die Prophezeiung unerfüllt blieb bzw. von Beginn an falsch gedeutet wurde. Nun ja, solange es hierüber nicht zu gewalttätigen Ausschreitungen kommt, können wir diese Frage wohl auf sich beruhen lassen.

Prophetien müssen im Übrigen keineswegs immer Zukunftsvorhersagen enthalten, auch wenn der Begriff in der Umgangssprache fast ausschließlich so verwendet wird. Der überwiegende Teil der alttestamentlichen Prophetien bezieht sich auf die Gegenwart, meist in Form von Ermahnungen an das Volk. Auch der Prophet Mohammed trifft im Koran keine Aussagen über die Zukunft, sondern agiert einfach als *Fürsprecher* (Pro-phet) Gottes. Während unter den christlichen Gruppierungen zumindest Einigkeit darüber herrscht, dass sich die Prophezeiung des Jesaja auf Jesus von Nazareth bezieht, gibt es erhebliche Differenzen über die Frage, inwieweit heute noch Menschen die Gabe der Prophetie oder andere Geistesgaben verliehen werden.

Nachdem innerhalb der Kirche über alle Konfessionsgrenzen hinweg besagte Gaben lange Zeit als erloschen galten, kam es im 20. Jahrhundert mit den Pfingstkirchen zu einer neuen Bewegung, die seither die kirchliche Landschaft immer mehr prägt. Charismatische Gemeinden üben eine unglaubliche Faszination insbesondere auf jüngere Christen aus und verzeichnen ein Wachstum, wie man es im säkularisierten Westen kaum noch für möglich gehalten hätte. Für diese Gemeinden ist das Wirken des Heiligen Geistes in Form der geistlichen Gaben konstitutiv, sie praktizieren Heilungsgottesdienste, vertrauen auf prophetische

Eingebungen und ermutigen zur Zungenrede im Gottesdienst. Allerdings macht diese Bewegung gelegentlich auch durch traurige Ereignisse Schlagzeilen.

Am 6. April 2014 erschlug ein 39-jähriger Mann, auf Geheiß einer ‚inneren Stimme', im hessischen Herborn einen 67-jährigen Pförtner mit einem Feuerlöscher. Der offensichtlich unter Schizophrenie leidende Täter wurde in die Psychiatrie eingewiesen. Wie sich vor Gericht herausstellte, stand er in enger Verbindung zum Christlichen Zentrum Herborn, einer Gemeinde im Bund Freikirchlicher Pfingstgemeinden. Dort wusste man von den ‚inneren Stimmen', hatte ihm aber nur geraten, der Stimme Satans nicht zu folgen, und für seine Genesung gebetet, ihn aber nicht an einen Arzt verwiesen. Die Richterin zeigte sich erschüttert über so viel Verantwortungslosigkeit: „Hier hat ein Gemeindemitglied eine Sache hingenommen, bei der es fünf vor zwölf war, bei der alle Glocken hätten klingen müssen."

Selbstverständlich dürfen solche tragischen Einzelfälle nicht zur Verdammung einer ganzen Bewegung führen. Aber selbst bei vermeintlich positiven Ergebnissen darf man skeptisch sein. Immer wieder höre ich von Christen, die eine angebliche Wunderheilung erlebt haben. Diese laufen alle mehr oder weniger nach dem gleichen Schema ab. Ein Arzt prognostiziert einen schlimmen Krankheitsverlauf, aber der Patient erlebt eine rasche Genesung, die dann als ein Wunder angesehen wird. Wäre es nicht vielleicht naheliegender anzunehmen, dass der Arzt ganz einfach eine falsche Prognose gestellt hat? Wenn ein Meteorologe sagt, morgen wird es regnen, und dann scheint die Sonne, ist das ein Wunder? Wenn ein Demoskop sagt, eine Partei wird bei der Wahl 20% erreichen, sie erreicht aber 30%, ist das ein Wunder? Wenn ein Börsenanalyst sagt, der Kurs einer Aktie wird fallen, und dann steigt er, ist das ein Wunder? Nein, es handelt sich schlicht und ergreifend um *Irrtümer*. Diese Leute sind zwar keine Dummköpfe. Sie haben Erfahrung, sie haben ihre professionellen Auswertungen, aber dennoch können sie nicht in die Zukunft sehen. Auch die Medizin ist keine exakte Wissenschaft. Dass ein Medikament bei 99 Patienten angeschlagen hat, bedeutet nicht, dass es bei Nummer 100 auch funktionieren wird. Deshalb sollte man falsche Prognosen von Ärzten nicht mit göttlichem Eingreifen verwechseln. Und ganz nebenbei: Was passiert eigentlich, wenn Arzt der Auffassung ist, mit seinem Patienten sei alles in Ordnung, und wenige Tage später stirbt dieser an einem Herzinfarkt? Ist das dann auch ein Wunder?

Jesus lehnte Zeichenforderungen wiederholt ab. Bereits der Versucher in der Wüste wollte ihn zu einer solchen Demonstration reizen, doch Jesus widerstand ihm: „Da führte ihn der Teufel mit sich in die heilige Stadt und stellte ihn auf die Zinne des Tempels und sprach zu ihm: Bist du Gottes Sohn, so wirf dich hinab; denn es steht geschrieben (Psalm 91,11-12): ‚Er wird seinen Engeln für dich Befehl geben; und sie werden dich auf den Händen tragen, damit du deinen Fuß nicht an einen Stein stößt.' Da sprach Jesus zu ihm: Wiederum steht auch geschrieben (5. Mose 6,16): ‚Du sollst den Herrn, deinen Gott, nicht versuchen.‘ Auch von den Pharisäern lässt Jesus sich nicht zu etwas verführen, was seinem Wesen widerspricht: „Da fingen einige von den Schriftgelehrten und Pharisäern an und sprachen zu ihm: Meister, wir möchten gern ein Zeichen von dir sehen. Und er antwortete und sprach zu ihnen: Ein böses und abtrünniges Geschlecht fordert ein Zeichen, aber es wird ihm kein Zeichen gegeben werden, es sei denn das Zeichen des Propheten Jona. Denn wie Jona drei Tage und drei Nächte im Bauch des Fisches war, so wird der Menschensohn drei Tage und drei Nächte im Schoß der Erde sein.“ Und als Thomas erst durch die Berührung der Hände seines auferstandenen Meisters zum Glauben findet, spricht dieser zu ihm: „Weil du mich gesehen hast, Thomas, darum glaubst du. Selig sind, die nicht sehen und doch glauben!“

Auch der Apostel Paulus greift dieses Thema in seinen Briefen an die Korinther auf: „Der uns aber dazu bereitet hat, das ist Gott, der uns als Unterpfand den Geist gegeben hat. So sind wir denn allezeit getrost und wissen: Solange wir im Leibe wohnen, weilen wir fern von dem Herrn; *denn wir wandeln im Glauben und nicht im Schauen*“ (2. Kor 5,5-7). Und im ersten Brief an die Gemeinde heißt es: „Die Juden fordern Zeichen und die Griechen fragen nach Weisheit, wir aber predigen den gekreuzigten Christus.“ Das ist das Entscheidende! Der gekreuzigte Christus ist und bleibt der Mittelpunkt unseres Glaubens, jede Theologie, jede Predigt, jeder Gottesdienst müssen auf ihn ausgerichtet sein. Wenn die charismatische Bewegung dazu beiträgt, so ist ihr der

Segen Gottes gewiss, wo aber nur die Bespaßung und Animation der Mitglieder im Vordergrund stehen, sind ernsthafte Zweifel angebracht.

Betrachten wir das Ganze in einem größeren Rahmen, so lässt sich die Pfingstbewegung als eine von drei großen kirchlichen Strömungen begreifen, von denen jede ihren eigenen Schwerpunkt setzt. Die katholische Tradition betont in erster Linie das priesterliche Amt, das in Sukzession bis zu den Aposteln zurückreicht und so das Erbe Christi bewahrt. Die protestantische Linie konzentriert sich auf das (geschriebene) Wort und vertritt die Auffassung, dass Glaube allein aus dem Hören dieses Wortes entstehen kann. Beide Strömungen haben, bei aller Feindschaft zwischen ihnen, eines gemeinsam: Sie sind ‚rückwärtsgewandt', jedenfalls in dem Sinne, dass sie eine historische Verbindung zu Christus suchen, die einen über die Amtsnachfolge, die anderen über Texte aus jener Zeit. Die dritte Gruppe hingegen sucht Gottes Gegenwart durch das Wirken seines Geistes erfahrbar zu machen. Abseits von fragwürdigen Wunderheilungen und Prophetien ist dies der eigentliche Kern der Pfingstbewegung. Sie möchte der Rückwärtsgewandtheit das Hier und Jetzt entgegensetzen. Die Betonung liegt auf der persönlichen Erfahrung Gottes.

Eine andere religiöse Strömung, die ihren Schwerpunkt ebenfalls auf das intensive Erleben im Hier und Jetzt legt, ist die Mystik. Heutzutage denken viele bei diesem Begriff eher an gewisse Formen fernöstlicher Spiritualität. Aber warum in die Ferne schweifen, wenn das Gute liegt so nah? In den Texten der großen Mystiker des christlichen Abendlandes zeigt sich eine ähnliche Praxis wie bei den Weisen des Ostens. Johannes vom Kreuz (1542-1591) fordert das Loslassen aller Bilder und Konzepte von Gott. Es geht ihm um die reine Aufmerksamkeit in die Unendlichkeit hinein. Mystische Übungen haben die Funktion, dieses Loslassen zu lernen. Der Mensch soll in allen Dingen Bindungslosigkeit gewinnen und gegenüber den Dingen völlig frei bleiben. Für Meister Eckhart führt die mystische Versenkung „in das Wesen jenseits aller Formen". Natürlich führte diese Ablösung von Konzepten und Gedanken über Gott auch zu einer gewissen Skepsis gegenüber theologischen Dogmen wie etwa der Trinität. Über diese schreibt Meister Eckhart: „Alles, was über die selige Trinität geschrieben oder gelehrt wird, verhält sich keineswegs so oder ist wahr." Für die Mystiker ist der eigentliche Kern aller Religiosität in der spirituellen Vereinigung mit Gott zu finden. Meister Eckhart spricht: „Gott und ich, wir sind eins." Grundvoraussetzung hierfür sind die Bereitschaft und der Wunsch des Menschen, mit dem Absoluten, mit dem Urgrund allen Seins, in Kontakt zu kommen. Dies kann durch mündliches Gebet und Gottesdienst geschehen, aber auch durch Betrachtung von Bibeltexten und religiösen Bildern sowie durch Meditation.

Wie der Pfingstbewegung geht es also auch den Mystikern in erster Linie um das Erleben der Gegenwart Gottes. Dennoch sollen die Unterschiede zwischen beiden Bewegungen nicht unter den Tisch gekehrt werden. Der größte Unterschied dürfte wohl darin liegen, dass sich der Mystiker, um Gott zu erfahren, in eine stille Versenkung begibt. Wer hingegen schon mal in einem charismatisch geprägten Gottesdienst war, wird wissen, dass man diesen teilweise nur mit Ohrstöpseln ertragen kann. Nein, Ruhe und Stille sind nicht unbedingt die obersten Tugenden unter den Pfingstlern.

Im Star-Wars-Universum zeigt die auffallendste Tendenz zu einer mystischen Form der Religiosität ohne Zweifel Chirrut Îmwe, der blinde Ninja-Mönch aus *Rogue One*. Sein Mantra „Ich bin eins mit der Macht, und die Macht ist mit mir" ist Ausdruck einer zutiefst empfundenen mystischen Vereinigung mit dem Göttlichen. Aber auch die Jedi sind gemäß den genannten Kriterien eindeutig Charismatiker. „Denk immer daran, ein Jedi kann es fühlen, wie die Macht ihn durchströmt", lautet eine der ersten Ermahnungen Obi-Wans an seinen Schüler Luke. Obi-Wan wiederum hat diese Lehre von seinem Meister erfahren. Direkt zu Beginn von Episode I weist Qui-Gon ihn darauf hin, sich auf die Gegenwart zu konzentrieren. Als dieser erwidert, Yoda habe ihm geraten, sich der Zukunft bewusst zu sein, erläutert sein Meister: „Aber nicht auf Kosten des Augenblicks. Sei dir der lebendigen Macht bewusst, junger Padawan!" Und natürlich kommt kaum ein Satz so oft in den Filmen vor wie die berühmten drei Worte: „Erforsche deine Gefühle!" Das erste Mal hören wir sie von Darth Vader in jener ikonischen Szene, in der er Luke eröffnet, dass er sein Vater ist. Als Luke sein ungläubiges „Nein!" ausstößt, fordert Vader ihn heraus: „Erforsche deine Gefühle! Du weißt, dass es wahr ist!“ Die Wahrheit findet sich also über das Gefühl, nicht über den Verstand. Dasselbe Prinzip wendet Obi-Wan in Episode III bei seiner Suche nach Anakin an. Er wisse nicht, wo er ihn suchen solle, gibt er Yoda zu verstehen, doch dieser meint nur: „Nutze deine Gefühle, Obi-Wan. Dann ihn finden du wirst.“

In Kapitel IV haben wir bereits erwogen, ob Star Wars möglicherweise eine Art Ersatzreligion für den säkularisierten Westen geworden ist. Falls diese These zutrifft, so könnten wir nun ergänzen, dass nicht nur irgendein Religionsersatz zur Verfügung gestellt wird, sondern einer, der den Bedürfnissen unserer Zeit am meisten entgegenzukommen scheint. Vielleicht liegt uns die Sehnsucht nach dem Erleben, dem Erfühlen und dem Erfahren doch stärker im Blut, als wir es wahrhaben wollen. Immerhin lässt schon der unsterbliche Goethe seinen Faust gegenüber dem Bücherwurm Wagner ausrufen:

> Wenn ihr‘s nicht fühlt, ihr werdet‘s nicht erjagen,
> Wenn es nicht aus der Seele dringt
> Und mit urkräftigem Behagen
> Die Herzen aller Hörer zwingt.

Kapitel VII

**„ER WAR SCHWACH UND TÖRICHT
WIE SEIN VATER,
ALSO HABE ICH IHN VERNICHTET."**

DAS GESICHT DES BÖSEN

Ich erinnere mich noch gut daran, wie ich *Das Erwachen der Macht* im Kino gesehen habe. Insbesondere erinnere ich mich an den Moment, in dem Kylo Ren zum ersten Mal seine Maske abnahm. Diese Szene hat mich überaus verwirrt. Zum einen deshalb, weil ich mich gefragt habe, wieso sich in einem Verhörraum des Flaggschiffs der Ersten Ordnung eine mit Asche gefüllte Ablage für diesen Helm befindet. Viel verwirrender war für mich allerdings die Tatsache, dass in dem Moment, als unter der Maske das Gesicht Adam Drivers sichtbar wurde, ein großes Gelächter durchs Kinopublikum ging. Was hat diesen Gefühlsausbruch hervorgerufen? Anscheinend hatten sich die Zuschauer unter der Maske des rücksichtslosen Ungeheuers jemand anderen vorgestellt. Drivers leicht milchbübiges Antlitz schien nicht ganz dem Klischee zu entsprechen. Sogar die vatikanische Tageszeitung

L'Osservatore Romano beklagte in einer Besprechung des Films, Kylo Ren wirke im Vergleich zu den Schurken der früheren Filme nicht böse genug. Diese Reaktionen sind umso trauriger, als wir in Episode VII eine weitaus realistischere Darstellung des Bösen vorfinden als in der Originaltrilogie.

Für Kinder der 80er Jahre wie mich war die Welt, zumindest die des Fernsehens, immer klar in Gut und Böse gegliedert. Ob bei den Transformers, G.I. Joe oder He-Man, immer gibt es eine böse Fraktion, die gegen die gute Fraktion kämpft. Eine Sache ist dabei stets klar: Beide Seiten können sich 30 Jahre lang beschießen, ohne jemals jemanden zu treffen. Völlig unklar bleibt hingegen meistens, was die Bösen mit ihren Plänen eigentlich beabsichtigen. Warum will Skeletor Castle Grayskull erobern? Was würde er tun, falls es ihm wirklich einmal gelänge? Niemand hat darauf eine Antwort, aber es stellt auch niemand diese Frage. Es gibt das Gute und das Böse, und obwohl das Gute zwar fast immer irgendwie gewinnt, handelt es sich doch um zwei universale Prinzipien, die sich etwa im Gleichgewicht befinden und deren Kampf auch vermutlich niemals enden wird. Nach demselben Prinzip waren die ersten Star-Wars-Filme aufgebaut. Die Macht, die das Universum erhält und lenkt, hat zwei Seiten, eine helle und eine dunkle. Keine der beiden Seiten ist stärker, und die Prophezeiung, dass die Macht wieder ins Gleichgewicht kommen könnte, erwies sich als trügerisch. Vermutlich wird der Kampf zwischen Licht und Dunkelheit im Star-Wars-Universum auf ewig weitergehen – oder zumindest so lange, bis die Serie keinen Gewinn mehr abwirft. Warum die Macht diese beiden Seiten hat, wird niemals erklärt, es ist einfach so.

In Episode VII ist alles anders. Kylo Ren wird oft als Reinkarnation von Darth Vader beschrieben, und genau das will er ja auch sein. Er behandelt den verbeulten Helm seines Großvaters wie eine Reliquie, spricht mit ihm, bittet ihn um Beistand. Kylo möchte vollenden, was Vader begonnen hat – was auch immer das genau sein soll. Offenbar weiß er nicht, dass sich sein Großvater kurz vor seinem Tod von der Dunklen Seite losgesagt hat. Eine wirkliche Kommunikation zwischen den beiden scheint also nicht stattzufinden. Der entscheidende Punkt jedoch ist: Kylo möchte so sein wie Vader, aber er ist es nicht! Das fängt schon mit den Äußerlichkeiten an. Anakin Skywalker trägt seinen berühmten schwarzen Anzug inklusive Atmungssystem nicht zum Spaß, sondern als lebenserhaltende Maßnahme. In dem Roman *Dunkler Lord. Der Aufstieg des Darth Vader* (2006) wird deutlich, wie sehr er diesen Zustand insgeheim als Demütigung empfindet. Ben Solo alias Kylo Ren hingegen ist ein kerngesunder junger Mann, der keinerlei körperlichen Bedarf für seinen Helm, geschweige denn den eingebauten Stimmverzerrer hat. Er trägt diese Ausstattung, um seinem großen Vorbild näher zu kommen. Aber er tut es natürlich noch aus einem anderen Grund, nämlich um genau jenes Gesicht zu verbergen, das viele Zuschauer so zum Lachen bringt. Ben Solo spürt, dass er keine natürliche Autorität ausstrahlt, deshalb nimmt er die düstere Verkleidung zu Hilfe. Der Oberste Anführer Snoke spricht es in Episode VIII unverhohlen aus: „Leider bist du kein Vader. Du bist nur ein Kind mit einer Maske.“

Angst, Unsicherheit, Minderwertigkeitskomplexe – das sind die Motive Ben Solos, sich in Kylo Ren zu verwandeln. Anders als bei Anakin Skywalker, der garantiert nicht unter Gefühlen von Minderwertigkeit litt, ist es nicht die Sorge um andere, die ihn zur Dunkelheit treibt, sondern die Angst vor sich selbst. Gegenüber Han Solo erklärt er in Bezug auf sein altes Ego: „Dein Sohn ist tot! Er war schwach und töricht wie sein Vater, also habe ich ihn vernichtet.“ Aber genau das ist ihm nicht gelungen, wie er wenige Momente später selbst zugibt: „Ich bin innerlich zerrissen. Ich möchte frei sein von diesem Schmerz!“ Doch selbst der grausame Mord an seinem eigenen Vater, ein Zeichen unglaublicher Willenskraft, kann ihn von dieser Zerrissenheit nicht befreien.

Bei Ben/Kylo handelt es sich im Gegensatz zu seinem großen Vorbild nicht um eine abgeschlossene Verwandlung. Als Anakin zu Darth Vader wurde, änderte sich seine gesamte Persönlichkeit von Grund auf, er wurde zu einer gefühllosen Maschine. Seine emotionalen Probleme scheinen verschwunden, verschlungen von der Dunkelheit der Macht. Für Ben Solo ist Kylo Ren aber lediglich eine Rolle, die er zu spielen versucht. Seine Emotionen gehen ständig mit ihm durch, was mitunter zu einigen wirklich lustigen Szenen in Episode VII führt, etwa wenn er sämtliche Armaturen des Schiffes mit seinem Lichtschwert zerstört, als man ihm berichtet, dass der Droide BB-8 auf Jakku nicht sichergestellt werden konnte. Nebenbei lernen wir hier, dass die Armaturen eines Kriegsschiffs der Ersten Ordnung offenbar nichts mit den Funktionen des Schiffes zu tun haben, denn trotz der kompletten Zerstörung ändert sich im Raum überhaupt nichts, nicht einmal das Licht geht aus. Gleich danach zieht Kylo den verunsicherten jungen Offizier, der nur kurz eine Frau in Gesellschaft des Droiden erwähnt hatte, in einem zirkusreifen Trick mithilfe der Macht zu sich und knurrt wütend: „Welche Frau?" Man vergleiche diesen Gefühlsausbruch mit Vaders kühlem Einsatz der Macht gegenüber Captain Needa, als es diesem nicht gelungen war, den Millenium-Falken zu erwischen: „Ich nehme Ihre Entschuldigung zur Kenntnis, Captain Needa." Kylo Ren ist durch und durch von seinen Emotionen beherrscht, daran ändert auch seine Hinwendung zur Dunklen Seite nichts. Sein irritierend zuckendes, instabil wirkendes Lichtschwert liefert die optische Entsprechung zu seinem Charakter.

Wie gut Adam Driver den Charakter seiner Rolle durchschaut hat, zeigt sich übrigens in einer grandiosen Parodie derselben bei der amerikanischen Comedy-Show *Saturday Night Live*. Wenn Sie mal wieder richtig lachen wollen, nehmen Sie sich die Zeit und schauen sich diesen Sketch auf YouTube an. Wie in der Serie *Undercover Boss*, bei der ein Chef eines Unternehmens anonym als Mitarbeiter in selbiges Unternehmen eingeschleust wird, um einen unverfälschten Eindruck in den Arbeitsalltag seiner Mitarbeiter zu bekommen, mischt sich Kylo Ren hier als Techniker namens Matt unter seine Gefolgsleute auf der Starkiller-Basis. Bereits seine Unfähigkeit, sich in der Gesellschaft anderer ungezwungen und normal zu benehmen, spricht Bände. Vor allem aber hat Kylo, egal, ob beim gemeinsamen Essen in der Kantine oder beim kleinen Plausch auf den Gängen, immer nur ein Thema: sich selbst! „Was haltet Ihr von Kylo Ren? Wird er es schaffen, das zu vollenden, was Darth Vader begonnen hat?" „Habt Ihr Kylo Rens Lichtschwert gesehen? Das ist der Wahnsinn!" „Ein Freund von mir hat Kylo Ren beim Duschen gesehen. Der Kerl hat einen Waschbrettbauch!" Kylo sucht verzweifelt nach Anerkennung und Bestätigung. Wer das im Film nicht erkannt hat, erfährt es hier in aller Deutlichkeit.

Damit sind wir auch wieder bei unserer Frage nach dem Bösen in Star Wars. Oder genauer gesagt, bei unserer Frage nach dem Bösen in der Welt. Woher kommt das Böse? Kaum eine Frage hat die Philosophen und Theologen im Laufe der Jahrhunderte so stark beschäftigt. Für den Alltagsmenschen ist natürlich eher die Frage wichtig, *wer* der Böse ist. Viele Leute, insbesondere jene mit einfachen Weltbildern, benötigen Feindbilder, um ihr Leben leben zu können. Wenn man weiß, wo der Feind steht, hat der Tag Struktur, oder? Für Feministinnen sind es die Männer, für Rechtsextreme sind es die Ausländer, für Linksextreme die Reichen usw. Für jeden, der über das Weltbild der Samstagmorgencartoons hinausgewachsen ist, stellt sich die Sache freilich nicht so einfach dar. Deshalb ist, wie bereits erwähnt, die Darstellung des Bösen in Episode VII um einiges realistischer als zu Zeiten der Originaltrilogie, als man die Welt noch klar in Gut (Westen) und Böse (Osten) aufteilen zu können glaubte.

Während ich diese Zeilen schreibe, schaut die Welt geschockt nach Florida, wo am Valentinstag dieses Jahres der 19-jährige Nikolas Cruz 17 Menschen an seiner ehemaligen Schule in den Tod beförderte. Jedes Mal, wenn sich ein solches Massaker ereignet, hören wir kurz darauf in den Nachrichten folgenden Satz: „Die Motive für die Tat sind noch unklar." Als Zustandsbeschreibung ist diese Aussage zwar nicht gänzlich falsch, doch setzt sie stillschweigend voraus, dass es überhaupt so etwas wie Motive für solch eine Tat geben könnte. Aber welche Motive könnten das sein? Bei gewöhnlichen Verbrechern mag es diese geben. Ein Dieb möchte sich bereichern, so viel ist klar. Aber welche rationalen Beweggründe könnte Nikolas Cruz oder sonst irgendein vergleichbarer Massenmörder wohl für seine Taten haben? Arthur Schopenhauer gab die einzig gültige und zeitlos wahre Antwort auf derartige Fragen: „Der Mensch ist vollkommen verstrickt in seinen Willen."

Der Wille hat für Schopenhauer Vorrang vor dem Intellekt. Er ist gerade kein bewusstes Wollen im Sinne einer rationalen Planung, sondern eine drängende Kraft, die sich der vernünftigen Kontrolle weitgehend entzieht. Wunderbar zum Ausdruck kommt dieser Umstand in dem deutschen Wort *Willkür*. Wenn man eine Handlung als willkürlich bezeichnet, so bedeutet dies nichts anderes, als dass sie vom Willen *gekürt*, also allein durch den eigenen Willen herbeigeführt wurde, ohne Rücksicht auf andere Faktoren. Deshalb wird zu Recht davon gesprochen, dass ein Mörder wie Cruz *willkürlich* Menschen umbringt. Nicht anders verhält es bei dem norwegischen Massenmörder Anders Breivik, der am 22. Juli 2011 77 Menschen erschoss, oder dem islamistischen Attentäter Anis Amri (ironischerweise geboren in der tunesischen Stadt Tataouine, nach der Tatooine, der Heimatplanet der Skywalkers, benannt ist), der am 19. Dezember 2016 11 Menschen auf einem Berliner Weihnachtsmarkt ermordete. Ihre Opfer waren ihnen völlig unbekannt, sie hatten keinerlei persönliche Beziehung zu ihnen. Hier wurde keine Rache geübt, kein Unrecht gesühnt, es handelt sich um Mord aus reiner *Willkür*.

Irgendwie erinnert mich Kylo Ren immer an solche Männer. Im Grunde ist er ein Niemand, der sich durch Gewalt Aufmerksamkeit verschaffen will. Ironischerweise macht ihn aber gerade das umso bösartiger. Sind es denn nicht Leute wie Cruz, Breivik oder Amri, die uns das Böse in dieser Welt auf besonders eindringliche Weise spüren lassen? Ist es in der Welt der Filme nicht der Joker in *The Dark Knight* (2008), der uns größeren Schrecken einjagt als die anderen Gegner Batmans? Ein Mann, der ebenfalls völlig willkürlich Leid in die Welt bringt und über den Bruce Waynes Butler Alfred so treffend sagt: „Es gibt Menschen, die an logischen Dingen nicht interessiert sind. Zum Beispiel Geld. Man kann sie nicht kaufen, einschüchtern, sie zur Vernunft bringen oder mit ihnen verhandeln. Einige Menschen wollen die Welt einfach nur brennen sehen."

Woher aber kommt der böse Wille des Menschen? Wenn Gott gut und allmächtig ist, wie kann es dann überhaupt Böses innerhalb seiner Schöpfung geben? Die in unserer Zeit vielleicht beliebteste Erklärung ist der Hinweis auf die Freiheit des Menschen. Diese Erklärung hat es sogar auf die modernen europäischen Bühnen geschafft. In Eric-Emmanuel Schmitts Theaterstück *Der Besucher*, für das der Autor im Jahre 1993 mit dem Theaterpreis Molière ausgezeichnet wurde, erhält Sigmund Freud Besuch von einem Fremden, der sich im Laufe des Gesprächs als Gott zu erkennen gibt. Der anregende Dialog zwischen dem überzeugten Atheisten Freud und seinem unerwarteten Besucher ist umrahmt von der Besetzung Wiens durch die Nationalsozialisten, die auch Freuds Tochter Anna in Gewahrsam nehmen. Als Freud seinen Besucher anklagend fragt, warum er dem Terror der Nazis nicht Einhalt gebiete, kommt es zu folgendem Schlagabtausch der beiden:

Der Unbekannte	Ich habe den Menschen frei erschaffen.
Freud	Frei zum Bösen?
Der Unbekannte	Frei zum Guten und zum Bösen, sonst wäre es keine Freiheit.
[...]	
Freud	Los! Schreiten Sie ein! Beenden Sie diesen Albtraum, schnell!
Der Unbekannte	Ich kann nicht! Ich kann nicht!
Freud	Du bist allmächtig!

Der Unbekannte Falsch! In dem Moment, als ich die Menschen frei machte, habe ich die Allmacht und die Allwissenheit verloren.

Um das Böse in der Welt zu erklären, muss die Allmacht Gottes beschnitten werden. Wenn der Mensch sich frei zwischen Gut und Böse entscheiden kann, dann hat Gott keine Gewalt über ihn. In gewisser Weise wird diese Sicht der Dinge bereits in der biblischen Schöpfungsgeschichte dargestellt. Die Schlange lockt Adam und Eva mit dem Versprechen: „An dem Tage, da ihr davon esst, werden eure Augen aufgetan, und ihr werdet sein wie Gott und wissen, was gut und böse ist.“ Durch das Essen der Frucht vom Baum der Erkenntnis hat der Mensch die Fähigkeit erworben, zwischen Gut und Böse zu unterscheiden, und entsprechend auch die Freiheit, sich für das Böse zu entscheiden. Damit hat er sich gewissermaßen von Gott emanzipiert.

Die Freiheit des Menschen für das Übel in der Welt verantwortlich zu machen und somit Gott gleichsam zu entlasten mag attraktiv wirken, bringt aber gewisse Probleme mit sich. Wenn Gott wusste, dass der Mensch die Freiheit auch zum Bösen verwenden kann, warum hat er ihm die Freiheit dann geschenkt? Schätzt Gott die Freiheit so hoch ein, dass ihm freie Menschen, die Böses tun, lieber sind als solche, die kein Böses kennen? In der Schöpfungsgeschichte wird dieses Problem dadurch umgangen, dass Gott die Erkenntnis, und somit die Freiheit des Menschen, eindeutig zu unterbinden sucht. Natürlich könnte man hier wieder die Frage aufwerfen, warum Gott den Baum der Erkenntnis des Guten und des Bösen überhaupt in den Garten Eden gepflanzt hat oder wie die Schlange in diesen Garten kam.

Letztere Frage wurde von den Kirchenvätern mit dem Hinweis auf den gefallenen Engel Luzifer beantwortet, der sich vor Erschaffung der Welt aus Hochmut gegen Gott auflehnte und dafür aus dem Himmelreich verbannt wurde. Nachdem Gott Adam und Eva erschaffen und ins Paradies gesetzt hat, schleicht Luzifer sich in Form der Schlange hinein, um die Menschen zu verderben – aus Neid über ihre herausgehobene Stellung. Dass Luzifer allein aufgrund seines bösen Willens zu Fall kam, ist ein Umstand, den insbesondere der heilige Augustinus hervorhob. Der wohl größte Lehrer des christlichen Abendlandes forschte intensiv nach dem Ursprung des Bösen, dem er unter anderem in seinem 22 (!) Bücher umfassenden Hauptwerk *Der Gottesstaat* nachgeht. Aufgrund der schier unermesslichen Tiefe dieses Werks erlauben Sie mir bitte ausnahmsweise ein etwas längeres Zitat:

„Der Gegensatz in den Bestrebungen der guten und der bösen Engel beruht – daran ist nicht zu zweifeln – nicht auf einer Verschiedenheit der Natur und der Uranfänge, da ja die einen wie die andern von Gott erschaffen sind, dem guten Urheber und Schöpfer aller Wesen. Dieser Gegensatz ging vielmehr hervor aus verschiedener Richtung des Willens und des Begehrens: die einen verharren unverbrüchlich in dem allen gemeinsamen Gut, das für sie Gott selbst ist, und in seiner Ewigkeit, Wahrheit und

Liebe, die anderen dagegen haben sich, in ihrer Eigengewalt schwelgend, gleich als wären sie sich selbst ihr Gut, von dem höheren, allen gemeinsamen, beseligenden Gut ab- und dem eigenen Ich zugewandt und sind, indem sie dünkelhafte Selbstüberhebung für die erhabenste Ewigkeit, schlauen Trug für die sicherste Wahrheit und Sonderbestrebungen für ungeteilte Liebe hinnahmen, hochmütig, trügerisch und neidisch geworden. Die Glückseligkeit der einen also gründet in der Hingabe an Gott; und so ergibt sich für die anderen als Ursache der Unseligkeit das Gegenteil, die Abkehr von Gott.

[...]

Sucht man nun nach der Wirkursache des bösen Willens, so stößt man auf nichts. Wohl wirkt der böse Wille das böse Werk, aber was wirkt den bösen Willen? Und demnach ist der böse Wille die Wirkursache des bösen Werkes, aber die Wirkursache des bösen Willens ist nichts. Denn ist sie etwas, so hat dieses Etwas entweder einen Willen oder es hat keinen; hat es einen Willen, so muss er klärlich gut oder böse sein; ist er gut – aber es wird doch niemand solchen Unsinn behaupten, dass der gute Wille den bösen Willen bewirke! In diesem Fall wäre ja der gute Wille die Ursache der Sünde, eine Annahme so ungereimt wie nur möglich. Hat aber jenes Etwas, das den bösen Willen bewirken soll, selbst auch einen bösen Willen, so erhebt sich sofort die Frage, was für ein Etwas diesen bewirkt hat, und so weiter, bis man vor der Ursache des ersten bösen Willens steht.

[...]

Man braucht also nach der Wirkursache des bösen Willens nicht zu suchen; er hat keine positive Ursache, sondern eine negative, da er selbst nicht etwas Positives, sondern etwas Negatives ist. Denn nichts anderes ist der Anfang des bösen Willens als Abfall von dem, der im höchsten Sinne ist, zu dem, was in geringerem Sinne ist. Die Ursachen solcher Abkehrungen, negative Ursachen, wie gesagt, nicht positive, aufspüren zu wollen, hieße die Finsternis sehen und die Stille hören wollen, die eine wie die andere trotzdem uns wohlbekannt, und zwar gerade durch Gesicht und Gehör, nicht jedoch als etwas Sinnfälliges, sondern als Aufhebung der Sinnfälligkeit. Deshalb sollte niemand von mir etwas wissen wollen, was ich mir bewusst bin nicht zu wissen."

Für Augustinus hat der böse Wille bzw. das Böse an sich keine wirkliche Existenz. Das Böse liegt nicht in der Natur der Engel oder der Menschen, da ihre Natur von Gott, dem absolut Guten, geschaffen wurde und daher ebenfalls gut sein muss. Das Böse wurde nicht von Gott geschaffen, sondern existiert nur als Abkehr vom Guten, so wie die Finsternis nur in Abwesenheit des Lichtes besteht. Die Finsternis ebenso wie das Böse existieren somit nicht aus sich selbst heraus, sondern lediglich als Aufhebung der von Gott geschaffenen Elemente.

Besonders interessant im Falle des Augustinus ist die Tatsache, dass er die Dinge nicht immer so gesehen hat. In seiner Jugend war der große Theologe Anhänger des Manichäismus, einer religiösen Bewegung, die ein dualistisches Weltbild vertrat, in dem das Reich des Lichts und das Reich der Finsternis als gleichberechtigte Kräfte gegeneinanderwirken. Da das Reich der Finsternis weitgehend mit der materiellen Welt identifiziert wurde, lehrten die Manichäer eine strikte Ablehnung weltlicher Dinge und predigten strenge Askese. Augustinus war von diesem System anfangs fasziniert, wandte sich jedoch später dem Christentum zu. Ein entscheidender Grund für diesen Wechsel war sein verändertes Gottesbild und seine veränderte Sicht auf den Ursprung des Bösen. Anstatt zwei unterschiedliche Prinzipien anzunehmen, erkannte Augustinus nun Gott als die alleinige Ursache an und betrachtete das Böse nicht mehr als eigenständige Substanz, sondern nur noch als eine Fälschung der göttlichen Wirklichkeit. In der Terminologie des Star-Wars-Universums ausgedrückt: Augustinus hat den Schritt von der Originaltrilogie zu Episode VII vollzogen!

In jüngerer Zeit war es unter anderem die jüdische Philosophin Hannah Arendt (1906-1975), die sich intensiv mit der Frage nach der Herkunft des Bösen befasste. Berühmt geworden ist vor allem ihre Analyse des Eichmann-Prozesses in Jerusalem. Adolf Eichmann (1906-1962), Leiter des für die Deportation der Juden zuständigen Referats im Reichssicherheitshauptamt, konnte nach dem Krieg nach Argentinien fliehen, wurde dort jedoch durch den israelischen Geheimdienst festgenommen und in Jerusalem vor Gericht gestellt. Eichmann bekannte sich selbst nicht schuldig im Sinne der Anklage, da er als „Rädchen im System" lediglich Befehle empfangen und ausgeführt habe. Arendt schrieb über ihn:

„Eichmann war nicht Jago und nicht Macbeth, und nichts hätte ihm ferner gelegen, als mit Richard III. zu beschließen, ‚ein Bösewicht zu werden'. Außer einer ganz ungewöhnlichen Beflissenheit, alles zu tun, was seinem Fortkommen dienlich sein konnte, hatte er überhaupt keine Motive; und auch diese Beflissenheit war an sich keineswegs kriminell, er hätte bestimmt niemals seinen Vorgesetzten umgebracht, um an dessen Stelle zu rücken. Er hat sich nur, um in der Alltagssprache zu bleiben, niemals vorgestellt, was er eigentlich anstellte. [...] Er war nicht dumm. Es war gewissermaßen schiere Gedankenlosigkeit – etwas, was mit Dummheit keineswegs identisch ist –, die ihn dafür prädisponierte, zu einem der größten Verbrecher jener Zeit zu werden. Und wenn dies ‚banal' ist und sogar komisch, wenn man ihm nämlich beim besten Willen keine teuflisch-dämonische Tiefe abgewinnen kann, so ist es darum doch noch lange nicht alltäglich. [...] Dass eine solche Realitätsferne und Gedankenlosigkeit in einem mehr Unheil anrichten können als alle die dem Menschen vielleicht innewohnenden bösen Triebe zusammengenommen, das war in der Tat die Lektion, die man in Jerusalem lernen konnte."

Eichmann repräsentiert die andere Seite des Bösen. Er besitzt keinen bösen Willen, er besitzt überhaupt keinen eigenen Willen. Er hat somit auch keine Beweggründe, weder rationale noch irrationale, nicht einmal die willkürliche Mordlust der oben genannten Täter. Arendt war der Überzeugung, dass das größte begangene Böse auf dieser Welt jenes ist, das von Niemanden getan wird, „von menschlichen Wesen, die sich weigern, Personen zu sein". In diesem Zusammenhang sprach Arendt von der mittlerweile zum geflügelten Wort gewordenen *Banalität des Bösen.*

Der anglikanische Theologe Giles Fraser (*1964) zog in einem Artikel für den *Guardian* eine Parallele zwischen Kylo Ren und Arendts Darstellung von Eichmann. Dabei könnten beide nicht weiter voneinander entfernt sein! Eichmann zeichnet sich (laut Arendt) ja gerade dadurch aus, dass er über keinen eigenen Willen verfügt, er versucht gar nicht erst, einen Sinn in seinen Handlungen zu finden. Kylo hingegen ist besessen von der Suche nach Identität und Lebenssinn, und sein durch diese Besessenheit vergifteter Wille lässt ihn zum Schurken werden.

Tatsächlich zeigen Studien, dass die Suche nach Sinn und Identität entscheidende Faktoren bei der Radikalisierung junger Menschen sind, nicht zuletzt bei jenen, die sich dem Dschihadismus anschließen. Leider krankt unsere Gesellschaft an dem Vorurteil, die Gründe für derartige Entwicklungen ausschließlich in Faktoren wie materieller Armut etc. zu suchen. Zweifellos spielen auch diese eine Rolle, doch tritt das Empfinden von Sinnlosigkeit nicht selten gerade als Folge von Übersättigung auf. Das Gefühl der Leere überkommt den Menschen nicht während des Kampfes, sondern erst nach dem Sieg. Dieser Umstand lässt sich nicht zuletzt an den literarischen Erzeugnissen einzelner Epochen ablesen. Gibt es innerhalb der biblischen Schriften, oder sonst unter den Werken der Literatur, ein stärkeres Zeugnis von Überdruss, existenziellem Zweifel und einer wahrhaftigen Lebensmüdigkeit als im Buch des Predigers Salomo? Hier ein kleiner Auszug aus dem ersten Kapitel:

Was hat der Mensch für Gewinn von all seiner Mühe, die er hat unter der Sonne? Ein Geschlecht vergeht, das andere kommt; die Erde aber bleibt immer bestehen. Die Sonne geht auf und geht unter und läuft an ihren Ort, dass sie dort wieder aufgehe. Der Wind geht nach Süden und dreht sich nach Norden und wieder herum an den Ort, wo er anfing. Alle Wasser laufen ins Meer, doch wird das Meer nicht voller; an den Ort, dahin sie fließen, fließen sie immer wieder. Alles Reden ist so voll Mühe, dass niemand damit zu Ende kommt. Das Auge sieht sich niemals satt, und das Ohr hört sich niemals satt. Was geschehen ist, eben das wird hernach sein. Was man getan hat, eben das tut man hernach wieder, und es geschieht nichts Neues unter der Sonne. [...] Ich, der Prediger, war König über Israel zu Jerusalem und richtete mein Herz darauf, die Weisheit zu suchen und zu erforschen bei allem, was man unter dem Himmel tut. Solch unselige Mühe hat Gott den Menschenkindern gegeben, dass sie sich damit quälen sollen. Ich sah an alles Tun, das unter der Sonne geschieht, und siehe, es war alles eitel und Haschen nach Wind. Krumm kann nicht gerade werden, noch, was fehlt, gezählt werden. Ich sprach in meinem Herzen: Siehe, ich bin größer geworden und habe mehr Weisheit gesammelt als alle, die vor mir gewesen sind zu Jerusalem, und mein Herz hat viel gelernt und erfahren. Und ich richtete mein Herz darauf, dass ich lernte Weisheit und erkannte Tollheit und Torheit. Ich ward aber gewahr, dass auch dies ein Haschen nach Wind ist. Denn wo viel Weisheit ist, da ist viel Grämen, und wer viel lernt, der muss viel leiden.

Obwohl innerhalb der Forschung Einigkeit darüber besteht, dass es sich bei dem Autor des Buches nicht um jenen König Salomo handeln kann, der Israel nach biblischer Darstellung im 10. Jahrhundert vor Christus glorreich regierte, so ist die Identifizierung mit dieser Figur auf einer anderen Ebene dennoch zutreffend. Denn es kann kein Zweifel bestehen, dass wir es hier mit einem Zeugnis aus der Zeit der ‚Hochkonjunktur' Israels zu tun haben. Hier spricht kein Knecht der babylonischen Gefangenschaft, nein, hier spricht ein Mann, der, wenngleich nicht Salomo persönlich, in einer ähnlichen Zeit lebt, in einer Zeit ohne äußere Bedrohung, ohne Dürren und Hungersnöte, ohne innenpolitische Konflikte, in einer Zeit von Frieden und Wohlstand, kurzum, in einer Zeit, in der man sich Gedanken über den Sinn bzw. die Sinnlosigkeit des Lebens macht. Ironischerweise warnt das Alte Testament an früherer Stelle genau vor einer solchen Entwicklung. Im Buch Deuteronomium heißt es:

Denn der HERR, dein Gott, führt dich in ein gutes Land, ein Land, darin Bäche und Quellen sind und Wasser in der Tiefe, die aus den Bergen und in den Auen fließen, ein Land, darin Weizen, Gerste, Weinstöcke, Feigenbäume und Granatäpfel wachsen, ein Land, darin es Ölbäume und Honig gibt, ein Land, wo du Brot genug zu essen hast, wo dir nichts mangelt, ein Land, in dessen Steinen Eisen ist, wo du Kupfererz aus den Bergen haust. Und wenn du gegessen hast und satt bist, sollst du den HERRN, deinen Gott, loben für das gute Land, das er dir gegeben hat. So hüte dich nun davor, den HERRN, deinen Gott, zu vergessen, sodass du seine Gebote und seine Gesetze und Rechte, die ich dir heute gebiete, nicht hältst. Wenn du nun gegessen hast und satt bist und schöne Häuser erbaust und darin wohnst und deine Rinder und Schafe und Silber und Gold und alles, was du hast, sich mehrt, dann hüte dich, dass dein Herz sich nicht überhebt und du den HERRN, deinen Gott, vergisst, der dich aus Ägyptenland geführt hat, aus der Knechtschaft.

Ein ähnliches Phänomen finden wir in der buddhistischen Welt. Siddhartha Gautama (ca. 563-483 v. Chr.) stellte die edlen Wahrheiten des Buddhismus auf, von denen die ersten beiden (zusammengefasst) lauten: 1. Alles Leben ist Leiden. 2. Die Ursache allen Leidens ist Verlangen. Nun könnte man annehmen, dass der Autor dieser ‚Wahrheiten' ein hartes Leben in Armut geführt hat und diese Erfahrung in seiner Lehre wiedergibt. Doch das Gegenteil ist der Fall. ‚Buddha' stammte aus einem fürstlichen Geschlecht, war mit sämtlichen Privilegien seiner Zeit ausgestattet. Wie sooft ist es das äußerlich von Leiden freie Leben, das zu einem starken inneren Leidensdruck führt.

„Dem steht aber entgegen", schreibt der österreichische Psychologe Viktor Frankl (1905-1997), „dass wir – und nicht zuletzt wir Psychiater – immer wieder zu beobachten Gelegenheit haben, wie das Bedürfnis und die Frage nach einem Lebenssinn gerade dann aufflammen, wenn es einem am dreckigsten geht. Das können die Sterbenden unter unseren Patienten ebenso bezeugen wie die Überlebenden der Konzentrations- und Kriegsgefangenenlager!" Frankl weiß, wovon er spricht. Er hat Auschwitz am eigenen Leibe erfahren müssen. Überaus anschaulich schreibt er von seinen Erfahrungen: „Wovon träumt ein Lagerinsasse am häufigsten? Er träumt von Brot, von Torten, von Zigaretten und von einem guten, warmen Wannenbad. Der Fortfall einer Befriedigung der entsprechenden primitivsten Bedürfnisse lässt ihn deren Erfüllung im primitiven Wunschtraum erleben. Was dieses Träumen dem Träumer antut, wenn er zur Wirklichkeit des Lagerlebens erwacht und den schrecklichen Kontrast zwischen Traumillusion und Lagerwirklichkeit empfindet, ist eine Sache für sich." Hier scheint sich auf den ersten Blick die Maslow'sche Pyramide zu bestätigen. Die Gefangenen sehnen sich zuallererst nach einfachen Genussmitteln. Doch Frankl erlebte auch, dass die Sorgen, die wirklich an die Substanz, an den Willen zum Leben selbst gingen, andere waren: „Wehe dem, der kein Lebensziel mehr vor sich sah, der keinen Lebensinhalt mehr hatte, in seinem Leben keinen Zweck erblickte, dem der Sinn seines Daseins entschwand – und damit jedweder Sinn deines Durchhaltens. Solche Leute, die auf diese Weise völlig haltlos geworden waren, ließen sich alsbald fallen. Die typische Redewendung, mit der sie allen aufmunternden Argumenten entgegentraten und jeglichen Zuspruch ablehnten, lautete dann immer: ‚Ich hab ja vom Leben nichts mehr zu erwarten.'"

Ob sich die Sinnfrage nun eher in guten oder in schlechten Zeiten stellt, mag dahingestellt bleiben. Fest steht jedoch, dass es sich um eine der zentralen Fragen menschlicher Existenz handelt, und ihre Leugnung bzw. die Leugnung eines Lebenssinns im Allgemeinen trägt zweifellos nicht zum Glück einer Gesellschaft bei. Leider ist diese Leugnung in unserer Welt recht verbreitet. So schreibt beispielsweise der Physiker, Kabarettist und Bestsellerautor Vince Ebert: „Soweit man es aus naturwissenschaftlicher Sicht beurteilen kann, hat unser Leben nicht den geringsten Sinn. Wir sind nichts weiter als das zufällige Produkt eines evolutionären Prozesses, der ohne Zweck oder Ziel agiert. Unsere Existenz ist nicht Teil eines universellen Plans. Wenn die Erde morgen von einem großen Meteoriten getroffen wird, der alles Leben auslöscht, kümmert sich das restliche Universum einen feuchten Kehricht darum. Niemand würde uns vermissen. Daher ist jeder Sinn, den wir unserem Leben geben, künstlich und somit reine Illusion." Diese naturwissenschaftliche Weltsicht beherrscht unsere Gesellschaft, während religiöse Fragen ein Schattendasein fristen. Auch die Kirchen beschäftigen sich mittlerweile mehr mit Fragen von Mindestlohn und Umweltschutz, als auf die drängenden Sinnfragen der Menschen einzugehen.

Dabei ist die Suche nach Sinn ein durch und durch religiöser Impuls. Albert Einstein (1879-1955) meint hierzu: „Welches ist der Sinn unseres Lebens, welches der Sinn des Lebens aller Lebewesen überhaupt? Eine Antwort auf diese Frage wissen, heißt religiös sein. Du fragst: Hat es denn überhaupt einen Sinn, diese Frage zu stellen? Ich antworte: Wer sein eigenes Leben und das seiner Mitmenschen als sinnlos empfindet, der ist nicht nur unglücklich, sondern auch kaum lebensfähig." Der Philosoph Ludwig Wittgenstein (1889-1951) schreibt: „An Gott glauben, heißt sehen, dass das Leben einen Sinn hat." Und schließlich formuliert auch der Theologe Paul Tillich (1886-1965): „Religiös sein heißt, leidenschaftlich die Frage nach dem Sinn unserer Existenz zu stellen."

Es ist daher kein Zufall, dass sich junge Menschen auf der Suche nach Sinn religiösen Gedanken und Systemen zuwenden. Die Vorstellung, radikalisierte Muslime hätten sich mehr oder weniger zufällig für diesen Weg entschieden und hätten sich ebenso gut einer anderen, nicht-religiösen Extrembewegung anschließen können, ist verfehlt. So betont beispielsweise Ednan Aslan, Professor für Islamische Religionspädagogik an der Universität Wien, dass die intensive Auseinandersetzung mit theologischen Themen für viele Betroffene einen Wendepunkt in ihrem Leben darstellt. Sein Fazit: „Unabhängig von ihrem religiösen Wissensstand sieht eine radikalisierte Person in der Theologie ein Angebot, das ihrem Leben Sinn und Struktur verleiht."

Wer junge Menschen vor dem Schicksal eines Kylo Ren bewahren möchte, dem wird nichts anderes übrig bleiben, als deren religiöse Suche nach Sinn ernst zu nehmen und mit gesunden Angeboten zu bedienen.

Kapitel VIII

„Fesselnde Bücher es nicht waren"

Die Autorität der Schrift

Episode VII (Das Erwachen der Macht) war im Wesentlichen eine Neuverfilmung von Episode IV (Eine Neue Hoffnung). Wichtige Informationen werden in einem kleinen Droiden deponiert, dieser wird auf einem Wüstenplaneten von einer Person mit trostloser Existenz gefunden, die wiederum – weil von einem bösen Regime gejagt, das ebenfalls hinter den Daten her ist – auf abenteuerliche Weise Han Solo begegnet, der dann gemeinsam mit ihr bei der Rebellenallianz landet, die gerade im Begriff ist, eine riesige planetenförmige Kampfstation des bösen Regimes zu zerstören, was ihr am Ende auch gelingt, nicht zuletzt deshalb, weil sich besagte Person als äußerst stark in der Macht herausstellt, obwohl sie kurz zuvor noch nie von ihr gehört hatte. Knapp 40 Jahre nach Erscheinen des allerersten Star-Wars-Films lieferte Produzent und Regisseur J. J. Abrams den Zuschauern im Grunde noch einmal dieselbe Geschichte – und das mit großem Erfolg! Offenbar hatte Abrams die Nostalgie des

Publikums richtig eingeschätzt. Sein Nachfolger Rian Johnson ging bei Episode VIII (Die letzten Jedi) allerdings den genau entgegengesetzten Weg und machte diese Einstellung auch inhaltlich zum Thema.

„Es wird Zeit, dass die Vergangenheit stirbt. Snoke, Skywalker, die Sith, die Jedi, die Rebellen, lass' alles sterben." Diese Worte Kylo Rens geben dem Film sein Motto. Nach dem starken Anknüpfen an alte Traditionen in Episode VII soll nun also alles neu werden. Tatsächlich hält Episode VIII einiges an Überraschungen parat. Für besondere Aufregung unter den Fans sorgten unter anderem die weiblichen Charaktere. Während in der klassischen Trilogie im Grunde nur eine einzige Frau (Prinzessin Leia) vorkam, ist das Verhältnis mittlerweile in etwa ausgeglichen – oder doch nicht? Viele Besucher störten sich an der Dominanz und der Darstellung der Frauen im Film. So kritisierte der Weihbischof der Erzdiözese von Los Angeles, Robert Barron, sämtliche männlichen Charaktere des Films wirkten unbeholfen, inkompetent oder moralisch verdorben, während die Frauen umsichtig, gut und heldenhaft erschienen. Ganz von der Hand zu weisen ist diese Beobachtung nicht. Insbesondere Rey ist (bereits in Episode VII) in allem, was sie tut, so perfekt, dass man sich fragt, wofür sie überhaupt noch einen Lehrmeister wie Luke Skywalker brauchen sollte. Poe Dameron hingegen, in Episode VII noch als smarter Draufgänger eingeführt, muss sich nun ständig von seinen weiblichen Vorgesetzten die Welt erklären lassen.

Ebenfalls überraschend, und für viele Fans enttäuschend, war die Tatsache, dass der Film einige der erhofften Antworten auf die großen offenen Fragen des vorangegangenen Films nicht lieferte – zum Beispiel: Wer sind die Eltern von Rey? Wer oder was ist Snoke? Zwei Jahre lang kursierten die skurrilsten Theorien über diese Fragen im Netz. Doch dann die ‚Auflösung': Snoke ist halt irgend so ein fieser Typ, und Reys Eltern waren (Zitat!) „niemand". Damit befinden wir uns allerdings wieder in völliger Übereinstimmung mit den eingangs zitierten Worten Kylo Rens. Man soll sich nicht in der Vergangenheit aufhalten, nicht nach Ursachen forschen, sondern sich auf das Hier und Jetzt konzentrieren.

Diesen Rat erhält auch Luke Skywalker von dem (ebenfalls höchst überraschend) auftretenden Yoda. „Skywalker, noch immer seinen Blick gerichtet auf den Horizont, niemals hier, jetzt, die Notwendigkeit vor deiner Nase." Hiermit nimmt der große Jedimeister Bezug auf seine Kritik aus Episode V, als er sich Luke zu erkennen gibt: „Sein ganzes Leben lang war sein Blick gerichtet auf die Zukunft, den Horizont. Mit seinen Gedanken nie war er ganz bei dem, was ihn umgab, hm? Nie bei dem, was er tat." Und bei beiden Gelegenheiten bekommt der arme Luke Yodas Stock zu spüren! So faszinierend diese Parallele zwischen beiden Szenen sein mag, so bedeutsam ist ein auffälliger Unterschied. In Episode V machte sich Yoda Sorgen darum, dass der junge Luke zu sehr in der Zukunft lebt, in Träumen von bevorstehenden Abenteuern und dergleichen. Dem alten Luke wirft er nun vor, mit seinen Gedanken zu stark auf die Vergangenheit fixiert zu sein, zu sehr an Traditionen festhalten zu wollen, insbesondere an den alten Schriften der Jedi.

Woher diese plötzlich gekommen sind, gehört zu den großen Mysterien des Films. Gebundene Bücher gab es in der Star-Wars-Galaxis bislang nirgends zu sehen. Das immense Jedi-Archiv aus Episode II besteht ausschließlich aus sogenannten Holobüchern. Wie dem auch sei, die vergilbten Bände dienen jedenfalls als hervorragendes Symbol für Lukes Festhalten an alten Traditionen. Sie tun dies umso mehr, als Luke gegenüber Yoda eingestehen muss, dass er sie nie wirklich gelesen habe. Der Inhalt der Bücher interessiert ihn also gar nicht wirklich, er verehrt sie eher wie eine unantastbare Reliquie. Hieraus erklärt sich auch Yodas Kritik: „An der Zeit es ist für dich hinwegzusehen über einen Stapel alter Bücher" – denn sie enthalten nichts, was er nicht schon wüsste.

Luke Skywalker und Kylo Ren kommen in diesem Film also zu derselben Erkenntnis. Für Luke bedeutet sie das Zurücklassen alter Bücher, für Ren, der einst geschworen hatte, das vollenden zu wollen, was Darth Vader begonnen hatte, bedeutet es eine Abwendung vom Helm seines Großvaters. Ist Ihnen aufgefallen, dass der verkohlte Helm Vaders in Episode VIII nicht mehr auftaucht? Das ist kein Zufall. Kylo ist konsequent. Als Zeichen des Neuanfangs zerstört er nicht nur seinen eigenen Helm, sondern wendet sich, genau wie Luke, auch von alten Reliquien ab.

„Wer die Hand an den Pflug legt und schaut zurück, der ist nicht geschickt zum Reiche Gottes" – diese Mahnung Jesu wäre wohl das biblische Äquivalent zu den Weisungen aus Episode VIII. Aber nicht nur hier ruft das Neue Testament zu dieser Haltung auf. Insbesondere der Zweite Korintherbrief ist reich an derartigen Stellungnahmen. „Ist jemand in Christus, so ist er eine neue Kreatur; das Alte ist vergangen, siehe, Neues ist geworden", heißt es dort beispielsweise. Außerdem findet sich hier die berühmt-berüchtigte Aussage: „Der Buchstabe tötet, aber der Geist macht lebendig."

Es gibt wohl wenige Stellen des Neuen Testaments, die so prädestiniert für Missverständnisse sind wie diese. Ohne Kontext betrachtet, klingt es so, als würde hier der Geist gegen das geschriebene Wort ausgespielt, und tatsächlich wird dieser Vers nicht selten in diesem Sinne interpretiert, als wolle der Apostel seinen Lesern die Worte Yodas mit auf den Weg geben: „Es ist Zeit für Euch, hinwegzusehen über einen Stapel alter Bücher." In Wirklichkeit geht es an diesem Punkt jedoch um den Konflikt zwischen dem lebendigen Evangelium, das zu dieser Zeit ja noch nicht in schriftlicher Form vorlag, und dem toten Buchstaben des (alttestamentlichen) Gesetzes. Der Heilige Geist kann niemals gegen das Evangelium ausgespielt werden, da der Geist mit dem Sohn und dem Vater wesensgleich ist und aus ihnen hervorgeht. So sagt Jesus selbst über den Geist: „Er wird mich verherrlichen; denn von dem Meinen wird er's nehmen und euch verkündigen. Alles, was der Vater hat, das ist mein. Darum habe ich gesagt: Er nimmt es von dem Meinen und wird es euch verkündigen."

Der Konflikt zwischen Altem Testament (Gesetz) und Neuem Testament (Evangelium), der in besagtem Vers angedeutet wird, war damit allerdings erst eröffnet. Schließlich war mit dem Evangelium ja tatsächlich etwas gänzlich Neues und im wahrsten Sinne des Wortes Unerhörtes in die Welt gekommen, das dem alttestamentlichen Gesetz in mancherlei Hinsicht entgegengesetzt war. Jesus erklärte viele der jüdischen Reinheitsvorschriften für obsolet, bis heute haben etwa die Speiseverbote (Schweinefleisch etc.) keinerlei Bedeutung für Christen. Aber auch Anweisungen wie „Auge um Auge, Zahn um Zahn" ersetzte der Gottessohn durch das Gebot der Feindesliebe. Einige Theologen der Frühen Kirche empfanden diese Gegensätze als derart gravierend, dass sie sogar annahmen, Jesus von Nazareth müsse der Gesandte eines anderen Gottes sein, und forderten daher den Ausschluss aller alttestamentlichen Texte aus dem christlichen Kanon. Auch wenn sich diese radikale Position nicht durchsetzen konnte, sollte der Streit um den Kanon, also darum, welche Texte für Christen verbindliche Gültigkeit haben, damit noch lange nicht beendet sein.

In der Reformationszeit beispielsweise kam es erneut zum Streit um den kanonischen Status bestimmter Schriften des Alten Testaments. Die Reformatoren erkannten nur die hebräischen Schriften des Alten Testaments als kanonisch an. Jene Schriften, die ausschließlich in der Septuaginta, der griechischen Übersetzung des Alten Testaments, enthalten waren, wurden fortan als ‚Apokryphen' bezeichnet und sind bis heute in evangelischen Bibelausgaben (wenn überhaupt) nur im Anhang enthalten. Aber auch im Bereich des Neuen Testaments gab es Unstimmigkeiten. So hätte Martin Luther am liebsten den gesamten Jakobusbrief aus dem Neuen Testament entfernt, weil er in ihm eine Propagierung der Werkgerechtigkeit sah, die seiner eigenen Betonung der Erlösung aus Glauben zu widersprechen schien. Dabei versucht Jakobus nur, die Christenheit vor einem gefährlichen Irrtum zu bewahren, dem man leicht durch die Lektüre der Paulusbriefe verfallen könnte, dass es nämlich ausreichend sei, einfach nur an Gott zu glauben in dem Sinne, dass es ihn gibt. Diesen Christen schreibt Jakobus ins Stammbuch: „Du glaubst: Es gibt nur einen Gott. Damit hast du recht; das glauben auch die Dämonen, und sie zittern." Glaube im christlichen Sinne ist nicht einfach nur ein Fürwahrhalten bestimmter Inhalte, sondern immer tätiger Glaube. Deshalb widerspricht Jakobus dem Paulus nicht, wenn er fordert: „Seid aber Täter des Worts und nicht Hörer allein!"

Aber auch andere große Männer versuchten sich an der Herstellung der ‚wahren Bibel', unter anderem Thomas Jefferson, Verfasser der Unabhängigkeitserklärung und dritter Präsident der Vereinigten Staaten. Er verfasste eine heute als „Jefferson-Bibel" bekannte Fassung des Lebens und Wirkens Jesu, indem er die vier Evangelien zu einer Geschichte zusammenfasste und aus ihr sämtliche Stellen herausstrich, in denen von Wundern oder anderweitig als übernatürlich zu betrachtenden Dingen die Rede war. Entsprechend endet sein Evangelium mit dem Begräbnis Jesu. Jefferson erwies sich somit als ein typischer Vertreter der Aufklärung, der sich auf die ethische Botschaft Jesu konzentrierte und für den alles Übernatürliche Humbug war.

In der jüngeren Vergangenheit waren es vor allem die Deutschen Christen, eine am Nationalsozialismus orientierte Strömung innerhalb des deutschen Protestantismus, die sich um eine ‚Reinigung' der Bibel bemühte. Insbesondere störten sich diese Antisemiten natürlich an der Tatsache, dass Jesus ein Jude war. Deshalb erfanden sie eine alternative Geburtsgeschichte, der zufolge Jesus der Sohn des römischen Hauptmanns Pandira gewesen sei – eine Geschichte, die sie ausgerechnet aus dem Talmud übernahmen, in dem sich diese Version bereits fand. Gegen diese nationalsozialistische Vereinnahmung Jesu fand sich 1934 die Barmer Bekenntnissynode zusammen und formulierte in ihrer berühmten Erklärung:

„Wir verwerfen die falsche Lehre, als dürfe die Kirche die Gestalt ihrer Botschaft und ihrer Ordnung ihrem Belieben oder dem Wechsel der jeweils herrschenden weltanschaulichen und politischen Überzeugungen überlassen."

Allerdings sind derartige ideologische Verirrungen keineswegs zusammen mit dem Dritten Reich untergegangen. Auch in den aktuellen theologischen Debatten finden wir sie, wenngleich mit völlig anderer Thematik. Heute sind es die feministischen

Theologinnen, die nicht glauben wollen, Paulus habe tatsächlich gesagt, dass die Frau in der Gemeinde schweigen solle (1. Korinther 13,33-34), weshalb es sich bei diesem Satz um eine spätere Fälschung handeln müsse – was allerdings durch die historische Forschung nicht belegt werden kann. In der so genannten ‚Bibel in gerechter Sprache', der größten Verzerrung des Gotteswortes in der Geschichte der Christenheit, wird aus dem Gebot „Du sollst nicht ehebrechen" die Weisung „Verletze keine Lebenspartnerschaft", da man sich offensichtlich nicht mit der biblischen Ablehnung der Homosexualität abfinden kann.

Für alle hier Genannten gilt die weise Mahnung des heiligen Augustinus: „Wenn du nur das im Evangelium glaubst, was dir gefällt, und das ablehnst, was dir nicht gefällt, glaubst du nicht an das Evangelium, sondern an dich selbst." Anstatt also bestimmte biblische Inhalte, mit denen man sich nicht anfreunden kann, einfach zu streichen oder umzuschreiben, sollte man sich lieber fragen, ob nicht die eigene Einstellung vielleicht falsch sein könnte. Man muss sein Leben dem Evangelium anpassen, nicht umgekehrt. Die Botschaft von Barmen ist somit nicht einfach nur ein mutiges Zeugnis einer vergangenen Epoche, sondern eine ständige Mahnung, dass die Verteidigung des unverfälschten Evangeliums zu jeder Zeit Mut erfordert.

Im Star-Wars-Universum gibt es, man möchte es kaum glauben, vergleichbare Debatten. Wie bereits erwähnt, störten sich einige Fans an der ‚weiblichen Übermacht' in Episode VIII. Ein fanatischer Kämpfer für die Rechte unterdrückter Männer fertigte daher eine eigene Version des Films an, aus der er sämtliche Frauen herausschnitt – insgesamt blieben so noch 46 Minuten Filmmaterial übrig. Neben solchen Extremreaktionen einzelner Fans verfügt Lucasfilm aber, ähnlich der vatikanischen Glaubenskongregation, über eine Art Behörde, die über den offiziellen Star-Wars-Kanon wacht. Alles, was an Star-Wars-Medien existiert (Kinofilme, Romane, Comics, Cartoons etc.), wurde in großen schwarzen Ordnern gesammelt, die intern den Namen ‚Bibeln' trugen. Später wurden diese Inhalte digitalisiert und in das sogenannte Holocron aufgenommen. Dieses Holocron ist in fünf verschiedene Kanons unterteilt. Der G-Kanon (G für George Lucas) ist der absolute Kanon und steht über allen anderen. Er umfasst die Star-Wars-Kinofilme, die dazugehörigen Filmskripte sowie ein jedes jemals von George Lucas zu Star Wars geäußerte Wort. Der T-Kanon ist der TV-Kanon und beinhaltet sämtliche Fernsehserien, also *The Clone Wars* und *Rebels*. Der C-Kanon ... ich erspare Ihnen den Rest. Aber ich glaube, Sie haben einen kleinen Eindruck bekommen, wie ernst manche Menschen diese Dinge nehmen.

Richtig faszinierend wird es allerdings erst, wenn es unter den Hardcorefans zu Streitigkeiten kommt. Ein Beispiel haben wir bereits erwähnt. In Episode IV erläutert Obi-Wan Kenobi, dass die Jedi über mehr als 1000 Generationen die Wächter des Friedens und der Gerechtigkeit in der Alten Republik gewesen sind. In Episode II jedoch behauptet Kanzler Palpatine, die Republik habe lediglich 1000 Jahre bestanden. Wer von beiden hat nun recht? Vorab sei gesagt, dass es sich hierbei natürlich einfach nur um einen Fehler handelt. Aber was ein wahrer Gläubiger ist, findet sich mit so etwas nicht ab. Eine gern vorgebrachte Lösung für dieses Problem besteht in der Behauptung, Palpatine beziehe sich auf die aktuelle Form der Republik, während Obi-Wan über das politische System allgemein gesprochen habe. Wer dies für überzeugend halten will, möge es tun. Aber für einen kritisch denkenden Menschen ist es auch nicht überzeugender als die Versuche, die beiden Schöpfungsberichte des Alten Testaments miteinander harmonisieren zu wollen. Die Berichte zu Beginn des Buches Genesis unterscheiden sich vor allem in ihrer Chronologie. Zwar sind beide Erzählungen auf den Menschen ausgerichtet, doch während er in der ersten als Krönung am Ende geschaffen wird, geht die zweite vom Menschen als Mittelpunkt aus, um dessentwillen die übrige Schöpfung (Pflanzen, Tiere etc.) erfolgt. Diejenigen, die solche Widersprüche nicht anerkennen wollen, argumentieren nun beispielsweise, dass es sich bei den Pflanzen, die Gott laut zweitem Schöpfungsbericht nach dem Menschen wachsen ließ, nicht um die laut erstem Schöpfungsbericht am dritten Tage geschaffene Vegetation handele, sondern dass damit Kulturpflanzen gemeint seien, die nicht zur ursprünglichen Schöpfung innerhalb der sechs Tage gehörten. Fällt Ihnen etwas auf? Wenn man nur fest genug von der Unfehlbarkeit einer Sache überzeugt ist, findet man für alles eine Erklärung.

Interessant ist aber auch, dass es bei der genannten Frage, wie lange die Alte Republik denn nun tatsächlich Bestand hatte, nicht nur Harmonisierungsversuche, sondern auch einen Streit über redaktionelle Prozesse gibt. So vertreten einige Fans hartnäckig die These, dass allein die ursprünglichen Filme die Wahrheit enthalten. Wenn ihnen die späteren Filme widersprechen, so gelten diese als Verfälschung. Eine andere ‚Schule' behauptet hingegen, es sei genau umgekehrt: Wenn George Lucas in den späteren Filmen frühere Aussagen korrigiere, so liege hier eine bewusste Veränderung vor, die als Endredaktion alleinige Gültigkeit beanspruchen könne.

Wieder finden wir die gleiche Debatte im Kampf um den christlichen Kanon. Viele evangelische Theologen lehnen die sogenannten Pastoralbriefe (1./2. Timotheus und Titus) ab, weil ihre starke Betonung der Institution Kirche und der Traditionswahrung eine Abweichung von den frühen Schriften des Paulus darzustellen scheint, die sie als höhere Autorität ansehen. Der katholische Theologe Gerhard Lohfink argumentiert genau andersherum: „Einmal vorausgesetzt, es gäbe tatsächlich innerhalb des Neuen Testamentes unüberbrückbare Lehrunterschiede (was mir höchst fraglich erscheint), so müsste gerade nach der Aussageabsicht der späten Autoren gefragt werden, weil sie seiner Schlussredaktion historisch schon viel näher stehen. Ihre Schriften sind wesentliche Bestandteile des ‚Endtextes' Neues Testament."

Der entscheidende Unterschied zwischen der Bibel und dem Star-Wars-Kanon besteht freilich darin, dass Letzterer ständig erweitert werden kann und wird. Wer versucht, seinen eigenen Kanon innerhalb des biblischen Kanons zu konstruieren, indem er einzelne Stellen oder ganze Bücher herausstreicht, stellt sich selbst über die Kirche, die diesen Kanon als ein einheitliches und abgeschlossenes Buch zur Weitergabe der gesunden Lehre geschaffen hat. Episode IX hingegen befindet sich derzeit noch in der Produktion ...

SCHLUSSGEDANKEN

Zu Beginn hatte ich, verehrter Leser, die Hoffnung geäußert, dass die Lektüre dieses Büchleins vielleicht ein wenig Harmonie zwischen dem Lager der Star-Wars-Fans und dem der Christen schaffen würde. Ist es gelungen? Sagen Sie es mir! Ich jedenfalls würde mich freuen, wenn sich erstere Gruppe nun möglicherweise ermuntert fühlte, mal einen Blick in die Bibel zu riskieren, während letztere vielleicht den Griff zur Fernbedienung und den Sprung in eine weit, weit entfernte Galaxis wagte. Wobei ich für beide Gruppen noch einen letzten Tipp hätte: Wenn Sie das erste Mal die Bibel aufschlagen, lesen Sie sie bitte nicht einfach von vorne bis hinten. Sie würden vermutlich schnell frustriert aufgeben. Beginnen Sie lieber mit einem Evangelium und einem der Paulusbriefe und lassen sich von dort weiterleiten. Für die Star-Wars-Filme gilt in gleicher Weise: Wenn Sie noch nie einen der Filme gesehen haben, fangen Sie bloß nicht mit Episode I an! Sie würden einen Großteil der Handlung nicht verstehen, weil der Film die Kenntnis der Originaltrilogie voraussetzt. Beginnen Sie stattdessen mit Episode IV! Sicher, die Spezialeffekte werden Ihnen veraltet vorkommen. Aber der wahre Wert einer Geschichte liegt in ihrem Inhalt. Die Bibel ist der beste Beweis.